合肥市西园新村小学
“小天鹅课程”丛书
HEFEI SHI XIYUANXINCUN XIAOXUE
“XIAOTIAN' E KECHENG” CONGSHU

心理加油站

XINLI JIAYOU ZHAN

主编 朱莉萍

时代出版
时代出版传媒股份有限公司
安徽文艺出版社

图书在版编目（CIP）数据

心理加油站/朱莉萍主编.—合肥：安徽文艺出版社，2017.6
（2024.7 重印）
ISBN 978-7-5396-5766-0

Ⅰ. ①心… Ⅱ. ①朱… Ⅲ. ①小学生—心理健康—健康教育 Ⅳ. ①G479

中国版本图书馆 CIP 数据核字(2016)第 110296 号

出 版 人：姚　巍　　　　总 策 划：朱寒冬
责任编辑：刘姗姗　周　丽　　　　装帧设计：徐　睿

出版发行：安徽文艺出版社　www.awpub.com
地　　址：合肥市翡翠路 1118 号　邮政编码：230071
营 销 部：(0551)63533889
印　　制：安徽芜湖新华印务有限责任公司 (0553)3916126

开本：880×1230　1/32　印张：6.375　字数：160 千字
版次：2017 年 6 月第 1 版
印次：2024 年 7 月第 2 次印刷
定价：35.00 元

《心理加油站》编委会

序

课程是一所学校的灵魂，有什么样的学校课程，就有什么样的学校生活；有什么样的学校生活，就会培养出什么样的学生。由此看，课程是学校一切工作的核心。西园新村小学的课程理念：小天鹅从这里起飞。每一个孩子都是一只正在蜕变的小天鹅，每一个孩子都是即将展翅飞翔的小天鹅。我们尊重每一个孩子的成长过程，尊重每一个孩子的独特个性。为了让更多的“小天鹅”能早日展翅高飞，学校设计了丰富多彩的课程，开发了极具特色的校本教材。

2010年暑假，学校给西小所有教师布置了一份特殊的暑假作业：自编一本校本教材。开学后学校组织骨干教师从一百多本教师自编教材中精心挑选出6套：《小学生礼仪手册》《心理健康教育》《综合材料创意制画》《话说咱合肥》《安全的翅膀》《少儿形体训练》作为学校的重点校本课程进行开发。在编写人员的安排上，学校又打破学科界限，创新组合，组织了十几位骨干教师成立校本教材编写委员会，利用寒暑假时间再次集中编写。经过整整一年的精心编撰、反复修改、专家论证，一本本内容丰实、印刷精美的校本教材终于破茧而出，与广大师生见面。从2011年到2016年，学校在校内进行尝试：将老师们开发的这6套校本教材与国家规定的《品德与生活》《综合实践》等课程有机结合，成为西园新村小学的必修课程，由学校统一印刷，作为循环教材供学生免费使用，在使用上做到分层实施、科学设置、合理安排、系统有序。经过5年的使用，实践证明这6套教材受到了同学们的喜爱，更得到很多校外的老师和同学的青睐，他们想方设法地想借到这套丛书一睹为快。

2016年，学校组织老师将这6套读本再次打磨修订，并将书名重新修订为：《文明礼仪我先行》《心理加油站》《创意剪拼贴》《话说咱合肥》《安全的翅膀》《小天鹅从这里起飞》。经过5年的实践和沉淀，这6套教材更像一只只刚刚蜕变的小天鹅，从西园新村小学开始起飞，飞向更广阔的天空，带给更多人知识和惊喜。愿更多的读者能从中汲取力量，幻化为一只只追寻自己梦想的小天鹅，飞向更广阔的天空。

合肥市西园新村小学　朱莉萍

目录

三年级

四年级

五年级

六年级

三年级

三年级心理素质教育课程纲要与说明

本年级从自我意识、智力、情感、意志、个性、学习指导和人际交往七大方面对小学三年级学生心理素质教育做了内容安排。在一、二年级训练的基础上,对三年级学生训练重点突出以下内容:

一、自我意识训练方面

在自我意识训练方面,主要让学生认识自我的心理特征和社会关系。学会较全面地评价自我,能看到自身的优势和不足,做到自信但不自负;通过观察自身的生理变化,促使自己心理机能的成熟与发展;能够了解自己人际交往的自主程度。

二、智力训练方面

1. 让学生了解自己的注意力和观察力水平如何,以便今后有针对性地进行训练。

2. 让学生掌握一些常用的记忆方法,提高记忆效率。

3. 学做记忆操,进行记忆力锻炼。

4. 知道遗忘规律,能及时进行复习,保证学习效果。小学三年级智力训练重点放在了记忆力的训练上。

三、情感培养方面

对于小学三年级学生的情感教育重点放在社会性情感的培养方面,如劳动情感、爱国情感、美感。同时,培养他们积极的情绪、情感,让学生保持一种愉悦的心境,为学习、生活提供良好的前提条件,有利于学生健康人格的形成与发展。

四、意志培养方面

在意志培养方面,主要是培养学生的坚持性、自制力和面对失败与困难的刚毅与顽强。通过改掉坏习惯来培养学生的自制力,一举两得。通过培养让学生懂得失败是不可避免的,正确对待失败,做"成功的失败者",让学生明白坚强并非倔强。

五、个性塑造方面

对三年级学生进行个性塑造主要放在自己与别人关系的问题上,通过教育让学生懂得尊重别人、悦纳别人、帮助别人、关心别人、原谅别人,学会关心,学会尊重,学会谅解。

六、学习指导方面

在学习指导方面主要教会学生一些学习方法,如自己考自己等。

七、人际交往方面

在人际交往指导方面主要是让学生克服羞怯心理,学会消除误会,掌握谈话技巧等。

第一课 “明星”选举会

在同学们热烈的掌声中，三年级一班的班长王红大声说：“我宣布——三年级一班‘明星’选举会现在开始！”

在热烈的气氛中，同学们有的被评为“书法小明星”“画画小明星”，有的被评为“小歌星”“小舞星”，还有的被评为“赛跑小明星”“朗诵小明星”……教室里异常热闹，同学们大都很高兴，只有刘昊同学坐在角落里默不作声。看着同学们一个一个都展现出自己的特长，刘昊真为自己感到惭愧，唉！谁让自己什么特长都没有呢？

正在这时候，王老师走了过来，她拉着刘昊的手走上讲台，说：“同学们，刘昊同学虽然没有什么特长，学习成绩也不突出，但他关心集体、乐于助人，每天都是他最早来到班级为同学们打开教室的门，又是他最晚离开教室。你们说，我们应不应该给他也发一枚明星奖章呢？”“应该！”同学们异口同声地回答。在老师和同学们热切的目光注视下，刘昊充

满自信地抬起了头。

［读读想想］

1. 刘昊的优点是（　）。

2. 你的特长（或优点）是（　）。

［试试做做］

请找出自己的特长或优点。可以请别的同学或老师、家长帮忙，看与自己的想法是否一致。

［我的目标］

认识自己的特长（或优点），学会自信。

［老师的话］

每个人都有自己的优点和特长。我们只要善于发现并发展自己的优点和特长，就会增添自信。

我的心里话

TEXT

第二课　“找缺点”采访团

中兴小学三中队第二小队决定由小队长李帅带队组织一个“找缺点”采访团。

他们首先来到王晓莉家，晓莉的妈妈说：“晓莉这孩子就是早晨不起床，每天早晨都得叫她好几次。”

然后，他们又来到葛云飞家，葛云飞的爷爷说：“小飞最大的缺点就是为了看动画片，经常作业写不完。”

就这样，他们一路采访完毕。回到学校，大家一致研究决定，针对自己的缺点，努力改正。

一个月以后，队员们再次来到王晓莉的家中，晓莉的妈妈格外高兴，她说：“晓莉现在像变了一个人似的，每天闹钟一响就起床。”葛云飞的爷爷也说葛云飞能够做完作业后再看电视了。每个队员的家长都反映自己的孩子在不同程度上改正了缺点。

［读读想想］

文中的同学们是怎样对待自己的缺点的？

［试试做做］

可以请同学、老师或家长找出自己的缺点，看与自己想的是否一致，然后再改正。

[我的目标]

认识不足，努力弥补。

[老师的话]

我们每个人都有自己的缺点、不足，重要的是怎样面对。只要我们善于发现自己的缺点并努力改正，我们就一定会进步！

我的心里话

TEXT

第三课　别人眼中的我

在妈妈眼中，

我是个听话、可爱的姑娘；

在爸爸眼中，

我是个爱撒娇但又很懂事的女儿；

在爷爷奶奶眼中，

我是个很孝顺的孙女；

在同学眼中，

我是一个讲礼貌、善团结的同学。

［读读想想］

在别人的眼中，“我”是个怎样的人？

［试试做做］

1. 在同学中进行一次调查，看看在别人眼中你是个什么样的人。

2. 征求一下父母或长辈的意见，看看在他们的心目中你是一个怎样的孩子。

［我的目标］

学会自我评价。

[老师的话]

要学会自我评价，就要了解“别人眼中的我”，同时还要注意正确对待别人的意见，发扬优点，改正缺点。

我的心里话

TEXT

第四课 测测注意力

让我们一起来做几个小游戏，共同测测我们的注意力。

一、数玻璃球。

找一些大小相同的玻璃球放到桌子上，然后用盖子把玻璃球盖上，不让对方看见。这时，告诉学生要注意桌上玻璃球的数量，然后教师分别用 5 秒、3 秒、2 秒时间出示一些玻璃球，随即盖上盖子，让学生说出玻璃球的数目，并记录下来。

第一次(　)颗，第二次(　)颗，第三次(　)颗。看你说对了(　)次。

二、请你画(5 分钟之内)。

请你找出下列数字中反复出现的数字，并用笔画出来。

29884768322574112781389662755839211194485534699664228927645339838377419663779552889653842993055864100784985276653947033 5214

你画出了(　)组，共用了(　)分钟。

三、谁能完成由木马头部进去，从木马摇椅出来的工作，他便可以玩骑木马的游戏。

请记录你所用的时间。

四、拍手游戏。

老师依次念下列事物名称，让学生听到动物名称拍一下手，听到植物名称拍两下手。

小猫、白菜、黄瓜、苹果、公鸡、长颈鹿、西红柿、黄鱼、松树、蜻蜓。

五、猜猜看。

一名学生蒙上眼睛，站在原地，其他的学生悄悄从他身边经过。蒙上眼睛的同学猜猜有没有人经过，有几个人。

［我的目标］

培养良好的注意力。

［老师的话］

良好的注意力是我们学习、生活的必要条件，所以，我们要用各种方法来培养自己良好的注意力。

我的心里话 TEXT

第五课　学做记忆操

（一）记28个省份、自治区名称

河南河北　湖南湖北　广东广西

山东山西　江苏江西　浙江黑龙江

云南四川　贵州福建　吉林辽宁

陕西西藏　甘肃宁夏　内蒙古台湾

青海海南　新疆安徽

（二）记忆圆周率

$\pi \approx 3.14159265358979$

［读读想想］

你是怎样记住28个省份、自治区名称和圆周率的？

［试试做做］

1. 试着用特征记忆法记住下列内容。

25 17 38 92 76 43 87 62 49 32 58 81 96 14

（方法：①读数；②找每个数段之间有几个数；等等。）

2. 怎样记住这些数呢？

[我的目标]

训练自己的记忆力。

[老师的话]

判断一个人的记忆力的好坏，主要有两个标准：一个是记忆速度，一个是记忆的持久性。如果我们学会了做记忆操并且经常去做，会有助于提高记忆力，会把功课学得更好。

我的心里话

TEXT

第六课 遗忘规律

昨天语文老师留作业，要求背诵第九课《飞机遇险的时候》第二自然段。王磊同学认真地去背，很快记住了，并且让妈妈听了一遍。今天在课堂上老师提问他，可万万没想到他竟把其中的一部分忘掉了，老师批评了他。王磊委屈极了。

下课后，老师把他叫到讲台前，先问昨天作业完成情况，之后语重心长地说："王磊，人的大脑是有遗忘规律的，你知道吗？人在识记后1小时左右就会忘掉56%，8小时后忘掉64%，一天以后忘掉66%。因此你只记忆一次还不行，还应该及时复习呀！"听了老师的话，王磊终于明白自己出错的原因了。

[读读想想]

1. 讨论：你有过跟王磊一样的经历吗？读了课文后，你明白了什么？

2. 根据记忆的遗忘规律，合理地安排一下你复习功课的时间。

[试试做做]

1. 试着回忆一下以前学过的古诗，看看还能记得几首。

2. 回忆识记过的圆周率，及时复习。

[我的目标]

掌握规律，培养良好的记忆力。

[老师的话]

遗忘具有规律，但是可以克服的。我们认识了遗忘规律，就应该学会及时复习。只有不断记忆、不断复习，我们才能牢固掌握住所学的知识。

我的心里话

TEXT

第七课　我不生气

我是一名三年级的小学生，爸爸妈妈和老师都说我是一个快乐的小天使。告诉你们，要做个快乐的小天使就要学会控制自己的情绪，最重要的一点就是不能乱发脾气。比如，别人不小心踩了我的脚，我不生气，因为我想人家也不是故意的；别人的考试成绩比我的好，我不生气，我一定会努力学习，争取在下次的考试中超过他；别人误会我，我也不生气，我会耐心地向别人解释清楚。

在生活中，我遇到过许多的小麻烦，但是学会了自己想办法调节情绪，就一定能永远做一个快乐的小天使。

［读读想想］

1. 在学习和生活中，你遇到过一些让你生气的事吗？你是怎样做的？

2. 读完这篇短文后，你知道今后应该怎样做了吗？

［试试做做］

和好朋友约定，在今后遇到生气的事时，要帮助对方调节情绪，不乱发脾气。

［我的目标］

学会调节自己的情绪。

[老师的话]

生活中难免遇到麻烦，我们从小要学会换一个角度来调节情绪，不乱发脾气，做一个快乐的小天使。

我的心里话

第八课 开心加油站

在火车上，儿子的帽子被一阵风吹走了，儿子伤心地大哭起来。爸爸哄儿子说："别哭了，帽子一会儿就会回来了。"儿子听完后摘下爸爸的帽子，扔出去说："那就等会让它们一起回来吧！"

你看，生活中有许多让人开心的事。当你遇到烦恼的时候，就可以为自己选一个开心加油站。它可以是一幅幽默的画、一本有趣的书、一个好玩的玩具，还可以是一个知心的朋友。在这些开心加油站里，你可以尽情地放松、尽情地开心，忘记烦恼，让自己的心情愉悦起来。不信，就请你赶快来试一试吧。

[读读想想]

你知道"开心加油站"的含义吗？

[试试做做]

1. 讲一个笑话或做一个动作。

2. 描述自己最开心的时刻。

3. 自己为自己选择"开心加油站"，看看效果怎样。

[我的目标]

学会自我愉悦。

[老师的话]

心情愉快是一件很重要的事，我们每个人都要保持愉快的心情，从而使自己成为一个快乐的人。

我的心里话

TEXT

第九课　坚持就是胜利

蚂蚁住在山脚下，它一直想看看山顶的景色。这天早晨，它一步一步地朝山顶爬。爬到半山腰，便感到很累，好像有点爬不动了，它想："难道我就这样返回去吗？不，我一定要爬到山顶！"

蚂蚁继续往上爬，它累得满身是汗，可是离山顶还远着呢。蚂蚁一边爬，一边自言自语："我一定能爬上去！"

蚂蚁又往上爬了一阵，实在太累了，它就停下来休息一会儿，又继续往上爬，一边爬一边想："山顶的景色一定很美，我一定会爬上去的。"

快到山顶了，蚂蚁望着一轮斜阳，使足了劲儿继续向上爬，它终于爬到了山顶。啊，山顶的景色真美呀！山外的世界真大呀！

[读读想想]

1. 蚂蚁是怎样到达山顶的？

2. 看到山顶的美景和山外的世界，蚂蚁的心情会怎样？为什么？

[试试做做]

1. 你家附近有山吗？请你也做一次攀登，把你的感受写下来。

2. 选一件你认为很难、很有意义的事情做做。

[我的目标]

做什么事都要坚持到底。

[老师的话]

一件事情不管看起来有多难，只要你有恒心，有毅力，坚持到底就一定能取得胜利。

我的心里话

TEXT

第十课 失败之后

比赛结束了，结果是一比二。拿下冠军的誓言破灭了，我们挪动着像灌了铅似的双腿，无可奈何地返回教室。

“别闷闷不乐的，胜败乃兵家常事，我看大家都尽了全力，球踢得还是很出色的嘛。”老师安慰大家，他自己笑得也很勉强。忽然守门员刘超伏在桌上，肩膀抽动，发出“呜呜”的哭声，引得教室里一片抽泣，我的心里也很不是滋味。

回家后，我胡乱地吃完晚饭就躺下了。为什么会输呢？我的头脑中装着这个问题。

“陈峰的头球技术太不过硬，要不，肯定……啊……对，如果发角球时不操之过急，稳扎稳打，那……”

想着想着，我的心情豁然开朗，变得非常轻松。爱迪生不是经过上万次实验才发明了电灯、电话、留声机，而成为“发明大王”的吗？我们输了球并不重要，关键看你以怎样的心态去对待。失败乃成功之母！对，明天就把我的想法说给我的队友们听，我们下次一定要打个翻身仗。

[读读想想]

1.“我”失败后很轻松，是因为__________。

2.面对失败，我们应该__________。

[试试做做]

1.谈谈你是如何面对失败的。

2.考试成绩不好，你该怎样做？

[我的目标]

不向失败低头。

[老师的话]

做任何事情，失败并不可怕，只要你在失败面前不气馁，在挫折中积累经验，能够重新奋起，就一定能成功。

第十一课　改掉坏毛病

常听有的同学说:我讨厌自己的坏毛病,可就是改不掉。读了下面的小故事,你会受到启发的。

达尔文是举世闻名的大生物学家,据说他患有严重的胃病,医生叮嘱他不要再吃甜食,可是几十年来他一直都偏爱甜食,怎么可能一下子就控制住自己呢?结果病情加重,以致卧床不起,耽误了他许多宝贵的时间,他下决心一定要同甜食绝交。于是,每当他饿的时候,他就自言自语地提醒自己:"不要吃甜食,不要吃蛋糕。"就这样,他终于告别了甜食。后来,他逐渐恢复了健康,并创立了为世界瞩目的生物进化学说。

试想一下,假如他不是及时地改掉吃甜食的习惯,或许身体早就垮了,怎么可能取得那么大的成就呢?

达尔文几十年养成的习惯都能改掉,那么,你的那些小毛病还有什么克服不了的呢?

[读读想想]

1. 达尔文能改掉几十年养成的习惯,是因为__________。

2. 我要改掉自己的坏毛病,应该__________。

[试试做做]

1. 自我检查一下,你有什么不好的习惯或毛病。你打算怎样改掉它?把改正措施写下来。

2. 当你的坏毛病再犯时，你怎么办？

[我的目标]

培养自制力，克服缺点。

[老师的话]

每个同学平时在学习或生活中，都有这样或那样的坏习惯或毛病，只要你能够约束、控制自己，就一定能改掉。要知道，每当你改掉一个坏毛病，你就有了进步，你就长大了一点。

我的心里话

TEXT

第十二课 悦纳别人

从前,有个好心的老木匠,他为自己造了一间活动的小房子。

一天傍晚,下起了大雨,“笃笃笃”,有人来敲门。老木匠听见门外有人请求说:“请让我进屋避避雨吧!”老木匠说:“能容下一个人,就能容下两个人!”一边说一边把那个人让进屋里。

过了不一会儿,又有人来敲门,老木匠说:“能容下两个人,就能容下三个人!”他把那个人又让进屋。

过了没多久,又有人接连不断地来敲门,老木匠把他们让进屋,他高兴地说:“能容下九个人,就能容下十个人。”

就这样,小屋里的人越来越多。

正巧,国王和他的随从打猎路过,随从来敲门告诉老木匠国王来了,让所有人都出去。老木匠说:“能容下十个人就能容下更多人。”老木匠请求国王和随从进屋来,不要赶走其他人。国王看见屋里有这么多人,感到很奇怪:“咦,一间小屋怎么能容下这么多人?”老木匠笑着说:“因为我这房子是用心做的呀!”人们纷纷说:“是啊,天地再大,人心也容得下的啊!”国王感到很惭愧,自言自语地说:“我一直是个心胸狭窄的人啊!”他命令随从驾车,送大家到王宫做客去。

[读读想想]

1. 老木匠为什么让每个人都进入小房子？

2. 国王为什么请大家去王宫做客？

[试试做做]

1. 情境表演。

①当别人犯错误时，我……

②当别人取得成绩时，我……

2. 谈一谈当自己不被尊重时，心里感受如何。

[我的目标]

学会接纳别人、尊重别人。

[老师的话]

在学习、生活中，你尊重、接纳别人，别人也会尊重、接纳你。

我的心里话

第十三课　别人成功，我祝贺

传说在很久以前，鹰和鸡是一对好朋友，他们在陆地上一起居住、寻食。有一天，鹰看到在天空中飞翔的小鸟，对鸡说："鸡老弟，你看他们飞得多快活呀，要是我们也能飞翔该有多好哇！"鸡说："别白日做梦了，我们怎么能飞呢？"鹰不服气地说："为什么他们会飞，我们就不能飞呢？我们也有翅膀啊！"就这样，鹰从此以后每天坚持锻炼。开始的时候，他只能从平地飞到土堆上，但是他不甘心，继续练习，一次又一次摔倒，一次又一次练飞，终于有一天，他飞上了高高的蓝天。

这时鸡非常羡慕地看着自己的伙伴，为他能飞上蓝天而感到欣喜和高兴。鸡对鹰说："要是我也像你一样天天坚持锻炼，恐怕现在也能自由自在地在天上飞翔了。可是现在，我的身体太胖了，再也飞不动了。”鹰对鸡说：“别灰心，我的朋友，只要你肯吃苦、肯锻炼，就一定会飞起来的。”鸡说：“我知道，我们不能生活在一起了，你属于高高的蓝天，我只属于平地。但我祝贺你，为你感到高兴。快飞上蓝天吧，我亲爱的伙伴。”

[读读想想]

1. 鹰为什么飞上了蓝天，鸡为什么没有学会飞翔？

2. 从这个童话故事中，你知道了什么？

[试试做做]

和同学讨论，当你看到别人获得成功，取得成绩的时候，你会怎样做？

[我的目标]

做一个好学向上、不嫉妒别人的好学生。

[老师的话]

当别人获得成功的时候，我们除了要虚心地向人家学习，还要衷心地祝贺他们取得的成绩，做一个心胸宽广的好学生。

第十四课 别人有了错误时

古时候，有一名官员叫卓茂，在丞相府里做事。他很善于帮助别人改正错误。

有一天，卓茂坐着丞相府里的马车，到外边去办事。半路上遇到一个人，那个人拦住了他的马车，气冲冲地说："嗨！让我找得好苦，我的马原来在这儿呀！"说完他拉着卓茂的马就要走。卓茂被弄得莫名其妙，不知道是怎么回事，心里也有点生气：这人怎么不讲理，牵走我的马？可是，卓茂不慌不忙地对那个人说："你认错马了吧？"可是那人硬说："没错，我自己的马，还能认错？"

卓茂见这人十分固执，知道一时半会儿难以说服他，他想了想说："好吧，你既然硬说这马是你的，那就先牵走吧！"说着，就把马缰绳递给了那个人，自己拉着车子往回走。临走的时候，卓茂对那个人和气地说："朋友，你回家以后，要是什么时候发现这匹马不是你的，就请你把马送到丞相府去，找一个名叫卓茂的就行。"

过了没多久，丢马的人果然找到了自己丢失的马，他感到非常惭愧，拉着马就到丞相府去，当面向卓茂承认了自己的错误。丢马的人说："都怪我糊涂，认错了马，硬把您的马牵回去，让您拉着车子回来，太对不起您了！"卓茂没有生气，原谅了那个人。

[读读想想]

1. 卓茂为什么看见有人拉他的马而不生气？

2. 丢马的人为什么要把马送回到丞相府？卓茂是怎样对待他的？

[试试做做]

遇到下列情况，你会怎么做？

①小弟弟不小心把你的作业本弄脏了。

②同学不小心把你的文具盒碰掉到地上，铅笔撒了一地。

[我的目标]

能够宽容和谅解别人。

[老师的话]

每个人都有犯错误的时候，要学会宽容和谅解别人的错误，这样你才能成为别人的朋友。

第十五课　一日三想

一日三想，即老师讲完课后、做完作业后、晚上睡觉之前都要想一想。“一日三想”也就是通过对一天学习内容的回想来进行学习的一种方法。

一想：老师讲完课后，你应该把这堂课的基本内容回想一下。可以这样想一想：先只回想基本内容，例如这节课主要讲了三部分内容，即复习旧知识，如长方形的周长；讲授新课是长方形的面积；讲授新课例题。记住，你只需回想这三部分，而不必回想细节。

再回想第一部分的关键细节，如周长的定义、公式的推导以及公式的具体内容。

最后则分别回想第二、三部分的关键内容。如果发现记忆不清楚的地方，一定要及时查对笔记或课本，直到弄清楚为止。

二想：做完作业之后要认真想一想，还有没有漏做的题，每题有没有忘写的地方，每处有没有笔误……还要想一想明天将要学习的内容，并做好预习。

三想：每晚入睡前，要把当天的功课在脑海中回想一下，就像放电影一样，发现不懂的问题要立即看书，千万不能马虎偷懒。具体步骤也是从简单到复杂，一门一门地回想。

用“一日三想”的方法来学习，不仅是一种最简单易行的方法，而且效果不错。请同学们不妨试着用用。时间长了，你便会发现，它的好处很多。

[读读想想]

1.“一日三想”就是指(　　)。

2.“一日三想”这种学习方法对你有帮助吗？为什么？

[试试做做]

1. 试着按照本课所讲的方法做一做。

2. 小组讨论交流你“一日三想”的具体做法。

3. 读一读《一日三想歌诀》。

老师讲完想一想，基本内容细思量；

做完作业想一想，及时总结才智长；

睡觉之前想一想，当天学的不会忘。

[我的目标]

坚持做到“一日三想”，让自己每天都有收获。

[老师的话]

通过“一日三想”，你会做到对课程知识的牢固掌握，使学完的课程条理化，这样不仅可以达到温故而知新的目的，而且还有利于提高自学能力。

我的心里话

TEXT

第十六课 自己考自己

自己考自己，对于我们小学生来说，就是检查自己所学的知识哪些掌握了，哪些没掌握，同时也是对自己运用知识能力的考查。

例如，我们在阅读一篇文章时，如果能抓住它的主要内容，不但能准确地了解作者的写作目的，而且还能清楚地抓住这篇文章的中心。可是，往往有些同学在阅读中抓不住它的主要内容，特别是在概括文章的主要内容时，或者是过于简单，或者是过于烦琐，不分主次，成了复述课文。那么，如何概括文章的主要内容呢？我们不妨用老师讲课的方法，自己去试一试、查一查。

例如，在概括《狼牙山五壮士》这篇课文的主要内容时，首先，我们要多读几遍全文，掌握全文的梗概。然后，对文章中所提供的“事情发生的时间、地点、人物，事情的起因、经过、结果”进行概括总结，可以这样想：“事情发生在什么时间？什么地点？主要人物是谁？事情的起因是什么？经过怎样？结果如何？”这样就基本抓住了这篇文章的主要内容，即本文记叙的是抗日战争时期，狼牙山五壮士为了掩护人民群众和连队转移，诱敌人上山，勇猛杀敌，在完成掩护任务后英勇跳崖的故事。

自我测试的形式很多，可以根据课后的思考与练习题目，逐题进行；还可以自己命题进行检测等等。总之，经常进行自我测查，不仅能提高自学能力，而且还可以使所学到的知识更扎实、更灵活。

[读读想想]

1. 概括文章主要内容的基本方法是什么？

2. 你认为经常“自己考自己”有什么好处。

[试试做做]

1. 自学一篇课文，概括文章的主要内容。

2. 共同讨论，并说一说你用过哪些自测方法。

3. 自己出一份考题，自测昨天学过的知识。

[我的目标]

坚持自测，养成自我检查的习惯。

[老师的话]

教育家叶圣陶老爷爷曾经说过：“凡是好的态度和方法都要使它化为习惯，才能随时随地应用，好像出于一种本能，一辈子受用不尽。”叶老爷爷说的“本能”就是指一种自觉的行为，不需要别人提醒。所以，对于我们每一个同学来说，自觉养成自我检查习惯是多么重要。

请你记住：知己知彼，百战不殆。

我的心里话

TEXT

第十七课 战胜羞怯

小亮同学是三年级的学生，非常害羞。在平时的学习生活中，很少和同学交往，即使和同学说话声音也特别小，看到老师躲得远远的，尤其是碰上陌生人更是不愿意接触，家里来客人，他就躲到自己房间不出来。老师发现这个情况后，就找他谈心，告诉他要勇敢地和别人交往、谈话，并鼓励他试着做做。

从此，在学校他大声地和同学讲话，主动和同学打招呼。这样，小亮逐渐变成了一个乐于和同学交往的学生，也战胜了羞怯。

[读读想想]

1. 小亮为什么不敢和同学交往？

2. 小亮是怎样克服害羞的？

[试试做做]

你是否也有害羞感？试着和陌生人交往，感受一下战胜羞怯的快乐。

[我的目标]

做一个自信、乐于交往的学生。

[老师的话]

作为一名学生，要善于交往，要有信心，敢于交往，战胜自己的害羞心理。

我的心里话

TEXT

第十八课　消除误会

小刚和小峰这几天闹别扭了，谁也不和谁说话。原来小刚有一支漂亮的钢笔不见了，第二天小峰也带了一支和小刚同样的钢笔，小刚就怀疑小峰拿了他的钢笔。小刚向小峰要这支笔，小峰说："这支钢笔是我妈妈从深圳给我带回来的，不是你的钢笔。"小刚怎么看怎么像他的那支钢笔，就说："拿了别人的笔还不承认，真像个小偷。"小峰说："谁是小偷？不是你的就不是你的嘛！"从此两人就不说话了。

周五大扫除，老师要求把书桌里收拾干净，小刚去整理书桌时，在桌角里找到了那支钢笔。小刚后悔了，不应该随便怀疑别人。他就找到小峰，说："小峰，真对不起，我误会了你，现在向你道歉，请你原谅。"小峰看看小刚说："没关系，我们还是好同学。"他们俩又和好如初了。

［读读想想］

1. 小刚为什么误会小峰？

2. 误会是怎样消除的？

［试试做做］

1. 当你遇到有误会时，你是怎样解决的？

2. 在日常生活中，你是否误会过别人？别人是否误会过你？你都是怎样解决的？

[我的目标]

正确对待误会。

[老师的话]

我们应该清楚地认识误会的危害,能够积极主动地消除误会,和同学保持正常友好的交往关系。

我的心里话

四年级

四年级心理素质教育课程纲要与说明

一、自我意识训练方面

由于自我评价是自我意识的核心成分，结合小学生自我意识发展特点，对小学四年级学生自我意识训练重点放在自我评价水平的提高上，同时兼顾自我调控能力的培养。

二、智力训练方面

各年级智力训练都有侧重点，本年级的智力训练侧重于想象力和思维能力的培养与训练，并把想象、思维与创造结合起来，开发学生创造潜能。

三、情感培养方面

对小学四年级情感培养在以前的基础上，增强学生的理智感，并让他们掌握一两种消极情感的调控方法。另外，培养他们的同情心，使他们学会关心，献出爱心。

四、意志培养方面

在意志培养方面，仍从意志的四个品质（自觉性、自制力、果断性、坚持性）做起，培养学生的独立性和忍耐挫折的能力。

五、个性塑造方面

在个性塑造方面，重点培养学生的自尊、自信，让他们学会同情、关心别人，懂得原谅，养成诚实的性格特征。

六、学习指导方面

对小学四年级学生进行学习指导，主要有：让他们学会自学；注意各学科全面发展，防止偏科；增强学习的灵活性；知道自我激励并学会自己安排自己的学习。

七、交往指导方面

在交往指导方面，主要让学生掌握交往的技巧，以及正确对待交往中存在的问题并对他们交友予以帮助和指导。

第一课 老师评语

期末考试结束了，小明的爸爸开完家长会回到家里，小明连忙跑过来翻开自己的成绩单。妈妈在一旁说："先读一读你们老师写的评语吧！""好吧！"小明说着便大声读了起来，"你是一个天真、好动的孩子，关心集体荣誉，一心为集体争光，运动场上实现了自己的愿望。但做事由于不注意方法，常常使大家误会。如果每做一件事之前，你都能静下心来想一想，就一定会做好。"

爸爸笑呵呵地说："小明，你怎么看待老师写的评语啊？"小明想了想说："老师写的评语写得太好了，我的确很关心集体，可是同学们就是不理解我。而且，我平日在纪律上对自己要求不够严格，今后我一定改正！"妈妈高兴地说："咱们儿子进步了，能借助老师的评语来评价自己了！"

[读读想想]

老师是怎样给小明写评语的？可以看出小明是怎样的一名学生？

[试试做做]

读一读老师写给你的评语，了解老师对你的评价。你认为老师的评价对不对？哪些是对的？你该怎么做？

[我的目标]

通过老师的评语了解自己。

[老师的话]

在老师的评语中，包含了老师对每个学生的综合评价和殷切期望。通过老师的评语，你可以了解老师心目中的自己。

第二课 小组评议

星期五下午,四年级二班“帮助同学找差距”的小组评议会正在热烈地进行着。第三小组现在接受评议的是刘爽同学,她正手握钢笔,准备进行记录。

万红第一个站起来,她说:“我先说说。刘爽同学平时能遵守纪律、热爱劳动,而且个人卫生好,希望刘爽在学习上加把劲儿。”

李丽接着说:“刘爽同学兴趣广泛,善于表演和朗读,乐于帮助人,在我生病的时候经常帮我抄作业题。”

“刘爽对人很有礼貌,富有爱心。上次为灾区儿童捐款,她把所有的零用钱都捐给了灾区儿童。”孙妍补充说。

张中说:“刘爽的优点很多,但她做操不认真。当值日组长只知道自己干,不会组织同学一起劳动。”

面对大家的评议,刘爽对大家说:“感谢大家给我提出的宝贵意见,使我更深刻地了解自己。今后我一定发扬优点,改正缺点。”

[读读想想]

通过小组评议,你知道刘爽同学的优点是什么,缺点是什么吗?

[试试做做]

召开一次小组评议会，把小组对自己的评价记录下来，分析自己的缺点，看与自己的想法是否相符。

[我的目标]

通过小组评价进行自我分析。

[老师的话]

同学们对自己的评价往往会过高或过低。通过小组评议，听取多个同学的意见，会帮助我们正确地进行自我分析。

第三课　自我鉴定

我叫小欢，是民主小学四年级四班的学生。

学习上，我能集中注意力，积极动脑思考，并大胆地回答老师提出的问题；课下能认真复习功课，按时完成作业。

纪律上，我能严格要求自己，自觉遵守《小学生守则》和《小学生日常行为规范》。

我积极劳动，能认真做好值日生。我非常愿意参加学校组织的各种活动。

在与同学相处中，我很愿意和别人交朋友；帮助别人，我会感到很愉快。

此外，我的爱好十分广泛，积极参加学校的美术小组，作品曾在学校获二等奖。

但我的数学成绩不好，计算速度慢，而且我的体育成绩也不好。今后我一定针对自己的缺点加以改正，取得更大的进步！

[读读想想]

1. 小欢在哪些方面进行了自我鉴定？她是怎样评价自己的？

2. 你是如何评价自己的？

[试试做做]

模仿小欢的写法，写一篇自我鉴定。

[我的目标]

正确地进行自我评价。

[老师的话]

每个人都能对自己有所认识。那么,作为一名四年级的学生就应该学会对自己做出全面、正确的评价,这样才能使自己不断进步!

第四课 外星人的模样

在广阔无垠(yín)的宇宙中,已经发现十亿多个同太阳系一样大的恒星系。你一定常常想,在这么多的恒星当中只有地球上有人类吗?如果有外星人,那他们是什么样呢?于是你的头脑中会出现一个个聪明、机智、勇敢、有高超本领且活灵活现的外星人的形象,如铁臂阿童木、超人、地球卫士。

这些都是你想象的结果。一个人想象力丰富,思维必然开阔,智力发展水平也会有所提高。例如:大家都喜欢看的《西游记》中孙悟空、猪八戒等可爱的形象都是作者在生活基础上想象出来的。

[读读想想]

你能说说什么是想象吗?在生活中想象有什么作用?请举出几个例子来。

[试试做做]

1. 你想象的外星人是什么样的？画一画。

2. 请你想象一下，未来世界是什么样的。（房屋、食品、衣着、交通工具等）

[我的目标]

学会想象。

[老师的话]

想象同我们的思维过程紧密相连，它是人的意志的内部动力，它鼓舞着人们为想象中的形象而奋斗，我们应该培养自己丰富的想象力。

第五课 点子库

围绕下列问题，尽可能地想出解决问题的办法，看谁的点子多。

1. 老师的黑板擦在擦黑板时很费力又很不卫生，你有好办法替老师发明一个新型黑板擦吗？

2. 在家里炒菜时，必须把油从瓶子里倒出来，然后总有些油会顺着瓶颈往下流。油瓶放到哪里，哪里就会留下油迹，天长日久，油瓶表面粘满油泥，很不卫生。你能解决这个问题吗？

[读读想想]

1. 讨论：这两个问题有几种解决办法。

2. 通过讨论，你还能说几项你的小发明吗？

[试试做做]

1. 起风了，妈妈晒的衣服眼看被风刮下来了，刮掉了不是白洗了吗？你说怎么办？

2. 同学们早就发现：老师上完课都要拍拍手，因为手上沾满了粉笔灰，这多不卫生呀！快给老师想想办法吧。

3. 建立点子库，参加班级点子比赛。

[我的目标]

学会创造。

[老师的话]

创造是发明的源泉，不断的创造会给生活和学习带来很多益处，而且还会不断丰富智慧，使我们变得越来越聪明。

第六课 联想与创造

一提起《西游记》,你一定会马上想到孙悟空、猪八戒;一说到7月1日,你一定会想起党的生日和香港回归。这些就是联想的作用。

联想能开阔我们的视野,有助于我们学习。例如我们读李白的诗“朝辞白帝彩云间,千里江陵一日还。两岸猿声啼不住,轻舟已过万重山”,就会联想到三峡之水一泻千里,转眼间,轻舟已飞过无数拔地奇峰的壮丽景象,使人仿佛身临其境一般。

联想能丰富人们的智慧与创造。鲁班就是受茅草割破手指的启示,发明了锯;莱特兄弟受小鸟飞行的启示,制造了世界上第一架飞机。因此,我们要学会联想。

[读读想想]

通过学习本文，你知道什么是联想了吗？它有什么作用？

[试试做做]

读下面词语，看看你能联想到什么。想到什么就记什么，看谁想到得多。

①《三国演义》;②书包;③汽车;④星期天;⑤小鸟;⑥锯。

[我的目标]

学会联想。

[老师的话]

我们应该经常进行联想训练，因为它能开阔我们的视野，帮助我们更好地学习。

第七课　理解记忆记得牢

鸟　鸣　涧

王维

人闲桂花落，
夜静春山空。
月出惊山鸟，
时鸣春涧中。

绝　　句

杜甫

迟日江山丽，
春风花草香。
泥融飞燕子，
沙暖睡鸳鸯。

[读读想想]

1. 读了以上两首诗后，你能理解诗的意思吗？

2. 当老师把诗意讲给你们听时，你理解这两首诗了吗？请试着说一说诗意。

3. 讨论：怎样记才能记得牢？

[试试做做]

1. 读下面几个成语，想一想怎样才能更好地记住这些成语。

车水马龙　沉默寡言

杯弓蛇影　巧舌如簧

2. 试着记古诗。

(1) 可怜身上衣正单，心忧炭贱愿天寒。(唐·白居易)

(2) 夕阳无限好，只是近黄昏。(唐·李商隐)

(3) 谁言寸草心，报得三春晖。(唐·孟郊)

[我的目标]

理解记忆。

[老师的话]

理解是记忆的关键，只有将所学的知识理解了，才能掌握并应用。就像人们往屋子里摆放物品，这类东西放在这里，那类东西放在那里，这样要用的时候就很容易找到。

第八课　我遇受伤小鸟

春季里的一天，我和妈妈在树林中散步。春天的树林里不但有嫩绿的枝叶，更有欢乐的鸟雀们。忽然，我看到地上有一只毛茸茸的小东西，急忙跑过去一看，呀，是一只受伤的小鸟。它的翅膀被人打伤了，在地上蜷缩着，声音里透着痛苦。

我心疼地把它捧在手心里，轻轻地给它吹吹伤口，希望这温暖的风能帮助它减轻些痛苦。

后来，还是妈妈有办法，回家取来止痛片和小纱布。在妈妈的帮助下，我帮小鸟止血、上药、扎绷带。最后，我小心翼翼地把

它放在树杈上，那里有一个妈妈为它搭好的临时的小家。

当夕晖铺满天空的时候，我和妈妈恋恋不舍地离开了这个春天的小树林。

[读读想想]

“我”做得对吗？这件事说明“我”是一个怎样的人？

[试试做做]

留心观察周围，有没有人或者小动物需要你的帮助？

[我的目标]

做一个富有同情心的人。

[老师的话]

同情心是人类美好的情感之一。我们每个人都应该同情、关心弱者，并通过努力去帮助他们。

第九课　唱支快乐歌

小华最近因为生病,有好几天没去上课,所以她的成绩下降了好几名。她的心里十分难过,一直闷闷不乐,同学找她出去玩,她也不肯去。后来,老师家访时和她单独谈了这个问题。几天以后,小华发生了很大的变化,人也变得开朗起来。同学们都惊讶地问她转变的原因,她神秘地说:"因为老师给我一个好办法,我每天都坚持在家里听一阵轻松欢快的乐曲,并且自己也学着唱;同时我还做一些平时就十分喜欢的事,让自己总是处在快乐的生活中。这样,我的情绪就慢慢地转变过来了。"说完她一蹦一跳地到操场上跳皮筋去了。同学们望着她远去的背影,似乎都明白了一些什么……

[读读想想]

读完这篇短文,你明白了什么?你遇到小华这种情况时会怎样做?

[试试做做]

看看自己有没有烦恼的事。如果有,用这种情绪转换法试一试,看看效果如何。

[我的目标]

学会情绪转换,避免不良情绪的干扰。

[老师的话]

当你遇到不良情绪干扰的时候，可以用情绪转换法调控，这样就会避免不良情绪带来的消极影响，而且经常坚持这样做，你还能防止不良情绪的产生，从而成为一个心理健康的人。

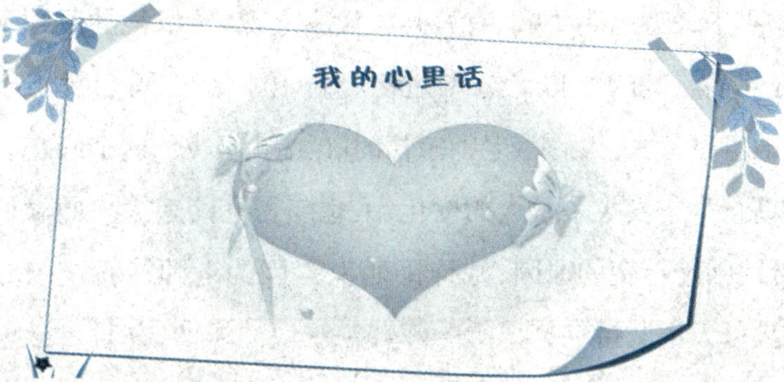

第十课 假如我落选

一想到明天将要进行的队干部改选，我还真有点紧张。

吃过晚饭，我早早地上了床，可翻来覆去怎么也睡不着。蒙眬中，我仿佛来到班级，发现大家都用异样的目光看着我，我的心一沉，难道……我仔细一看黑板，新当选的队干部中竟然没有我的名字。我愣住了，当了三年中队长了，就这样落选了，眼泪顺着我的脸颊流下来，最后我竟然不知不觉地哭出声来。

"孩子，醒一醒。"仿佛有人在推我，我猛地睁开眼睛，是妈妈在叫我。清醒了片刻，我想起了刚才梦中的情景，难道我真的会落选？我把自己的担心说给妈妈听，没想到妈妈轻轻地对我说："不是人人都要当花朵的，做一片绿叶有什么不好呢？只要你有一颗爱集体、爱同学的心，正确面对现实，继续努力，当选与否都没有什么。"

听了妈妈的话，我的心情豁然开朗。是呀，人生的路是漫长的，在人生的旅途中难免有一些挫折，再一帆风顺的人，也会经历一两件坎坷的事。想到这里，我顿时轻松了。假如我真的落选了，我也不会一蹶不振，我还会以中队长的标准要求自己，做一名优秀的少先队员。

[读读想想]

1. 当了多年的队干部一旦落选，会有什么感觉？

2. 即使落选了，“我”也会很轻松，为什么？

[试试做做]

1. 你遇到过什么挫折？又是怎样对待的？

2. 今后的学习和生活中，你还会遇到困难和挫折，你打算怎样面对？

[我的目标]

正确面对挫折，不向困难低头。

[老师的话]

人经常会遇到各种各样的挫折，关键看你能否振作起来。你的人生才刚刚起步，也许还有更大的困难和挫折在等着你，每个人都是在与困难和挫折的搏击中成长起来的。希望你也变得坚强起来。

第十一课 面对选择

清晨,“丁零零”,一阵急促的铃声催醒了睡得正香的林林。要不是今天数学单元测验,她还可以多睡一会儿,可现在不行了,要准备考试,一定得早点儿到学校。林林匆匆爬起来,刷牙、洗脸、吃早饭,忙完这一切,背起书包上学去。

考试时,同桌小明有几道题做不出来,想偷看林林的试卷。林林知道他的基础比较差,有点同情他,但一想到考试的纪律,最终没有给小明提供方便。

再有几天就要期末考试了,林林还真觉得时间挺紧张的。

中午放学回家,有同学找她玩,她没同意,因为她想起妈妈的交代:中午把地板擦一擦。她照办了。

下午又到学校上了两节课,清扫了责任区卫生。放学回到家,她想先听听音乐,再去跳皮筋,可一想到明天又要进行英语测验,后天还有计算机比赛,到底该干什么好呢?她最后选择了复习英语这一当务之急。

吃过晚饭,精彩的动画片开始了,又有同学约她去玩,可她想英语还差一点没有复习完,她便把前两项活动都放弃了。她清楚地认识到,最后一件事才是最重要的。

[读读想想]

1. 林林的一天是怎样度过的?你觉得林林做得对不对?

2. 你是否喜欢林林？为什么？

[试试做做]

1. 当你早晨睡得正香的时候被闹钟叫醒，你该怎么办？为什么？

2. 考试时，有人想偷看你的试卷，你该怎么办？为什么？

3. 当你遇到几件事都该做，一时拿不定主意时，你该怎么做？理由是什么？

[我的目标]

遇事及时做出选择。

[老师的话]

我们平时的生活本身就是一连串的选择，一连串的决定。林林是这样，我们每个人都是这样。因此我们有时就要依据问题的性质和轻重缓急做出决定。

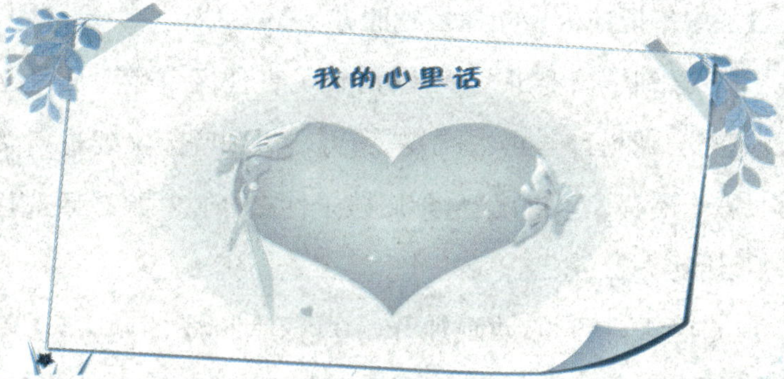

第十二课　自己的事情自己做

今天，东东真的成为一个小主人了。爸爸妈妈到乡下去看望奶奶，要晚上才能回来，为了不耽误学习，东东坚持自己一人留在家里。

早晨闹钟铃声一响，东东立即起床，整理被褥、刷牙、洗脸，一杯牛奶和一块蛋糕是她的早餐。然后她又检查了水管、煤气和电源，由于今天值日，她早早地就出门了。

东东第一个来到班级，打开窗户、洒水、拖地。过了一会儿，其他的值日生也来了，大家很快就把教室内外卫生打扫干净了。看到同学们坐在清洁的教室里上课，东东心里美滋滋的。

中午放学的时候，东东顺路买了两个热包子做午餐。回到家，吃完饭，东东又把地板擦了一遍，然后回到学校。

晚上回到家，爸爸妈妈还没回来，东东先淘米煮饭，然后开始写作业，写完之后她又认真检查了一遍，发现没有错误，她就开始择菜。这时，爸爸妈妈回来了，看见东东已经把饭做好了，房间也很整洁，心里非常高兴，连连说："我们的东东真的长大了。"

[读读想想]

1. 在家里，东东会做_______________。

2. 在学校，东东自觉做值日，因为她知道_______________。

3. 自己的事情自己做了，东东感到很快乐，因为____________

____________________。

［试试做做］

1. 当你想独立做事的时候，大人不让你做，你会怎么办？

2. 查一查，你有哪些依赖大人的地方？你打算怎样改正？

3. 开一个主题队会：今天我当家。

［我的目标］

自己的事情自己做。

［老师的话］

只有从小坚持自己的事情自己做，做生活的强者，长大后才能成为一个自食其力的人。希望大家在家做个好帮手、好孩子，在学校做个小主人、好学生。

第十三课　发生矛盾之后

操场上，陈老师正在教同学们跳集体舞，同学们跳得很高兴。

“两条鱼，水里游，摇摇尾巴点点头……”

跳呀，跳呀，坚坚一不小心踩着了欣欣的脚，欣欣生气了，使劲推了坚坚一下，又跺了跺脚。坚坚的小脸涨得通红，急忙说：“对不起，我不是故意的。”

欣欣头一甩，生气地说：“你把我的新鞋踩脏了，不跟你跳了！”说完就跑到外边去了。

坚坚只好和别的同学跳舞。

“三条鱼，水里游……”

小梅不小心踩了坚坚的脚，坚坚穿的白色胶底鞋是今天刚刚换上的呢！雪白的鞋面上一个黑脚印，多难看呀！小梅连忙掏出小手绢要给坚坚擦，坚坚赶紧拦住她：“不要紧，你不踩，过几天鞋也会脏的，我回家刷刷就行了。”

坚坚拉着小梅的手又跳了起来。

刚才发生的事欣欣都看见了，她一人站在外面觉得很不好意思，可是谁让自己跑出来了呢？

陈老师走过来，对欣欣说：“快来和大家一起跳舞吧，以后要学会原谅别人，好吗？”

欣欣点点头，跑过去拉起坚坚的手，跳起舞来。

［读读想想］

1. 课文中谁做得对，谁做得不对？

2. 你遇到这种情况会怎么做？

［试试做做］

下面两首儿歌说明了什么？

两只公鸡眼瞪大，
伸长脖子来打架。
为争一粒小芝麻，
斗成一对秃尾巴。

两只羊，不相让，
独木桥上来顶撞。
“扑通”“扑通”连声响，
全都掉进河中央。

［我的目标］

善于原谅别人，善于消除敌意。

［老师的话］

生活中，同学、朋友间常常会有矛盾发生，要想解决这些矛盾，就要学会谅解和谦让，这样大家才会和睦相处。

第十四课 悦纳自己

古时候，在欧洲有个地方叫苏格兰。有一年，苏格兰遭到了别国的侵略，王子布鲁斯带领军队，英勇地抗击外国侵略军。

可是，一连打了七次仗，苏格兰军队都节节败退，布鲁斯王子也满身是伤。他躺在山上的一间磨坊里，不断地唉声叹气。对这场战争，他完全失去了信心。

他坐在草垫上，眼睛在空房子里漫无目的地巡视着。忽然，他看到一只蜘蛛在结网，便出神地盯着。一阵大风吹来，丝断了，网破了。蜘蛛重新拉起细丝，再次结网，可又被风吹断了，这样一连七次，都没结成。可蜘蛛没有灰心，照样从头结起，第八次终于结成了一张网。

布鲁斯王子看了十分感动。他猛地跳起来，喊道："我也要干第八次！"他重新建立起信心，四处奔走，召集打散的队伍，动员国民起来抵抗。很快，他又组织了一支军队。

经过激烈的战斗，苏格兰军队终于赶跑了外国侵略军，布鲁斯的第八次抗击成功了。

[读读想想]

1. 是什么使布鲁斯王子重新鼓起战斗的勇气？

2. 为什么布鲁斯王子最后抗击外国侵略军成功了？

[试试做做]

明明数学考试没考好，应用题错了好几道，她急哭了，说：“看来我是学不好数学了，我一见应用题就害怕。”

明明的想法对吗？你遇到这种情况的话会怎么做？

[我的目标]

充满自信，敢于向困难挑战。

[老师的话]

作为一名小学生要对自己有信心，遇到困难要敢于面对，这样才能勇往直前，不断进步！

第十五课　写给自己的信

亲爱的艳子：

你好！最近一个阶段你的学习成绩有所下降，期末考试就要来临了，你可要加把劲呀！

最近几天，你上课总是溜号，不注意听讲，作业也写得潦草，这样学习，考试能取得好成绩吗？你看班级的陈平同学每天上课都那么专心听课，作业认真完成，老师总是表扬她，你应该向她学习。再有，晚上你回到家里总是看电视，爸爸妈妈不让你看电视你就生气，还要小性子，这是不对的。爸爸妈妈是希望你专心学习，长大以后能有所发展呀！

你是一个独生女，是被爸爸妈妈从小宠大的，你应该学会关心他们，帮着他们做一些家务活，这样既锻炼了自己又减轻了他们的负担，该有多好哇！老师这几天总是说，要学会学习，学会生活，我想老师也是希望你在学习上有好成绩，在生活中会自理吧！

算起来，离期末考试还有十天了，在这十天里，你一定要克服懒惰的毛病，上课注意听讲，作业认真完成，不辜负老师和爸爸妈妈对你的期望，以优异的成绩回报他们！

祝你取得好成绩！

艳子

2008.6.27

[读读想想]

1. 艳子在给自己的信中写了自己哪些毛病？

2. 你觉得艳子是一个怎样的孩子？

[试试做做]

你写封信给自己，指出自己的缺点、毛病和打算，然后读给同学们听，请大家指正。

[我的目标]

善于自我分析，自我激励。

[老师的话]

只有发现自己的缺点、毛病并勇于改正的人才能不断地进步。在学习、生活中要学会自我分析，自我激励。

第十六课 克服偏科

我们常说，小学的各门功课都是基础课，哪一科都要学好。那么，为什么要学好各门功课呢？请看下面这个小故事：

从前有个大财主，他很愚蠢，又很固执，为此常常闹出不少笑话。

有一天，他到邻村去拜访另一个财主。见到这个财主住的是一幢新建的三层楼房，这楼房建得高大雄伟、宽敞明亮，很有气派。他十分羡慕。

于是回到家后，他把建造那座楼房的木匠找来说："你也照那个样子，再给我造一幢，成吗？"木匠答应了。

不久，这个木匠组织了其他木匠备齐了工料，打好了基石，就从地面上垒起砖来。

这个大财主恨不得楼马上就能建成，天天到工地来。可好多天过去了，楼房还没有建起来，他就生气地质问那个木匠："你们这么多人忙活着，准备干什么？"木匠听他这么说有些惊奇："你不要造三层楼房吗？"大财主急忙说："你们搞错了、搞错了，我只要上面那一层，不要下面两层，你们把第三层建造出来就行了。"

木匠反驳道："哪有这样的事？不盖第一、二层，哪能有第三层？那不成了空中楼阁了吗？"

后来邻近的人们都听说财主要建造空中楼阁，大家都把它当成笑料传开了。

这个故事告诉我们，空中楼阁没有基础，没有基础是建不成的。那么，学习好比盖房子，盖房子要打好基础，三层楼得从第一层盖起。学习也如此，也要从基础知识学起。

中小学是打基础的阶段，而小学更重要，是基础的基础，小学各门功课都是基础课。如果学不好，打不好基础，就会影响今后的学习。所以，我们要学好小学各门功课，不要偏科。

[读读想想]

1. 为什么空中楼阁不能存在呢？

2. 读了这个故事，你从中受到什么启发？

3. 你有没有偏科现象？偏科的原因是什么？

[试试做做]

1. 讨论：有的同学认为，我长大了也不想当文学家，不学好语文也没有关系。你认为这种想法对吗？

2. 课外阅读。

《纪昌射箭》《达·芬奇学画》。

3. 请你做一个小实验。

用积木搭两座小建筑物，然后用手敲桌子，看一看结果会怎么样。你有什么感受？

[我的目标]

学好各门学科，做全面发展的学生。

[老师的话]

作为一名小学生要努力学好各门功课，主动纠正偏科现象，全面打好基础。

第十七课 我的“学习领地”

在家里，我的“领地”虽然只有六平方米，一点也不起眼，可它却是我探索知识奥秘的地方，我十分喜欢它。

在我房间正面墙上是一幅装在玻璃框里名叫“我可爱的家”的画。下面一幅美丽的荷花图是我的美术老师杨爷爷亲自为我画的，上面写着：“赠给小朋友王华：小荷才露尖尖角。”画的左边是我的书法作品，右边是我画的彩色丹顶鹤：鲜红的鹤冠，配上满身洁白的羽毛，在一片碧绿的松树的映衬下，看起来像真的一样，十分可爱。

房间的左边靠着墙是我舒适的小床，床头上贴着一张世界地图，我可以从上面看到中国、美国、英国等许多国家。房间的右边，是我的写字台。写字台上有一盏妈妈特意为我学习而买来的电子测光台灯，旁边放着一个我专门听英语用的小录音机，另外还有一个小房子式的闹钟。小闹钟像小公鸡一样，天天为我报时，催我早起。我天天放学回来，总要趴在小写字台上做功课。在写字台对面，还有一个很漂亮的书架，里面摆放着自己做的小乌龟、小鸟和小塔等小制作；书架中间还摆放着我喜欢的《故事大王》等几十本书。靠着书架还立着我心爱的电子琴。每当我弹起电子琴，疲倦、烦恼就无影无踪了。

每当我放学之后，我总会跑回家，一头扎进我自己的房间，因为那是属于我自己的学习领地。我爱它。

[读读想想]

1.“学习领地”就是指(　　)。

2.“我”爱自己的“学习领地”的原因是(　　)。

[试试做做]

1. 在小组里,每人轮流向大家介绍自己的“学习领地”。

2. 自己动手做一做:根据家里的经济条件和居住条件,创建或完善自己的“学习领地”。

[我的目标]

拥有一块属于自己的“学习领地”。

[老师的话]

在学校,我们有一个学习的“大领地”,在这里,我们上课,参加各种有教育意义的活动,不断充实自己的头脑,使自己获得越来越多的知识。但是,光靠在学校里的学习是很不够的,同学们在家时也应该创建一块学习领地,以求知为乐趣。在那里你可以尽情地展开求知的翅膀,在知识的天空中飞翔。需要提醒大家的是,学习领地的创建贵在自己动手,以求知为乐。

第十八课　面对同学的议论

这几天王小乐成为同学们议论的中心，同学们背后议论他向低年级同学要钱。王小乐听说后，非常生气，要找议论他的同学辩论清楚。可是如果这样，身为班级干部的王小乐就会使矛盾激化，怎么办呢？

王小乐找到班长刘强说明事情的真相：原来上周二的中午，王小乐出去买盒饭，碰到一名小同学买盒饭的钱不够了，他主动地给垫上一元钱，周末时小同学把钱给他送来，同学们误以为他向小同学要钱。班长听到王小乐的叙述，就把那个小同学找来，向同学们说明了事情的经过。同学们为王小乐报以热烈的掌声，一齐称赞他是助人为乐的好学生。

[读读想想]

1. 王小乐为什么被同学议论？

2. 王小乐是怎样解决同学们的议论的？

[试试做做]

和同学们讨论一下，议论别人对不对？如何处理别人的议论？

[我的目标]

学会处理交往中出现的问题。

[老师的话]

要正确对待议论，首先要从自身找原因，平静处理，与同学们坦诚相待。

第十九课　我的交友标准

四年级二班正在召开“我的交友标准”主题班会，同学们纷纷发言。

梁小冬：“我愿交在学习上互相帮助的朋友。”

李红红：“我愿交一个当我犯错误时，能帮助我改正的朋友。”

杨冬梅：“我愿意交好学上进、乐于帮助人的朋友。”

于杰：“交朋友就必须共同进步、互相帮助。”

高明说：“交朋友能互相鼓励，诚实勇敢。”

同学们各抒己见，李老师最后进行了总结，朋友的标准是：“勤学上进，乐于助人，诚实勇敢，共同进步，不骄傲，不自满，坦诚相待……”同学们举手表决一致通过这个交友标准。

[读读想想]

1. 你的交友标准是什么？

2. 你是否认为天天说你好的人就是朋友，指出你缺点的就不是你的朋友呢？

[试试做做]

和大家一起讨论选择朋友的标准，看看自己是否做到了。想一想你的朋友都是什么样的人。

[我的目标]

有正确的交友标准。

[老师的话]

好的朋友是你人生路上的支持者、帮助者，不好的朋友会使你误入歧途。选择朋友最重要的就是要有正确的择友标准。你有好朋友吗？按照标准对照一下，交个好朋友，同时也使自己成为别人的朋友。

五年级

五年级心理素质教育课程纲要与说明

一、自我意识训练方面

主要让学生认识自己在班集体和家庭中的人际关系以及自己应承担的责任和义务,并进行有效的自我调控。

二、智力训练方面

在前几个年级训练内容的基础上,本年级突出了发散思维能力、创造思维能力的训练以及逆向思维训练和创造力自测。

三、情绪教育方面

在情感教育方面,重点是让学生学会运用几种常用的情绪调控方法。如角色互换、运动或痛哭等方式。

四、意志培养方面

在意志培养方面,主要是增强学生行动的自觉性、自制力以及提高对意志的认识,加强意志力的培养。

五、个性塑造方面

针对学生易出现的问题,让学生走出狭隘的心理空间,培养学生乐观向上、勤奋认真的良好个性特征,并具有竞争意识和正确对待竞争的态度。

六、学习指导方面

在学习指导方面,主要是让学生掌握一些学习方法,如预习、听课、考试、记笔记等方面的指导,并进行学习经验交流与总结。

七、交往指导方面

在交往指导方面，主要让学生积极参与交往活动，在活动中提高交往能力；学会正确处理人际交往中出现的问题，如嫉妒、误会等；了解自己在班集体中的地位，改善人际关系，增进人际和谐。

第一课 我的座右铭

在生活的道路上，要先埋下希望和信心，再为了这“种子”的发芽、生长而努力。

“梅”是我的希望，是我自拟的座右铭。

“独树一帜斗冰雪，开路先行迎新春。”在万物萧瑟、白雪皑皑的时候，梅已在萌发生机，斗风抗寒中吐出娇嫩的花苞。人们都称梅为“报春的斗士”，有“春近寒难转，梅舒雪上飘”的称誉。

在漫长的冬天里，梅面对“霜刃雪剑严相逼”的斗争，昂首挺胸，凛然怒放，向百花报告春天的消息；春风里，“她”隐在百花丛中，无言而笑，从不自我夸耀；“她”坚强高洁，不与一般花木争奇斗艳，只为装点河山，平添几分春色；而当百花竞放的时候，“她”却悄悄隐去，拂去红尘，过着默默无闻的生活。

对于梅，有人爱“她”情操如雪，有人爱“她”幽香浓烈，也有人爱“她”坚贞如铁，而我却爱把寒梅同雪松、霜竹联系在一起，古人称之为“岁寒三友”，其中梅花占首位。越是寒风凛冽、冰雪凌厉，“她”越是枝头怒放，灿烂芬芳。“她”不怕艰苦，不怕压力，不怕讥笑，不怕孤独。

“已是悬崖百丈冰，犹有花枝俏。俏也不争春，只把春来报。待到山花烂漫时，她在丛中笑。”这就是我的座右铭，我要以

“梅”为动力、为榜样，以“梅”的精神来激励自己去学习，去创造美好的未来。

[读读想想]

作者为什么把《咏梅诗》作为座右铭？梅好在什么地方？梅有什么高尚美德？

[试试做做]

和同学们在一起谈谈，各自都有什么学习的榜样、前进的目标，大家互相学习，共同进步。

[我的目标]

以“梅”为动力，谦虚、勤奋、不怕艰苦，做个有“梅”那样风格和品质的人。

[老师的话]

每个人都应有自己前进的榜样、奋斗的目标，我们要学习“梅”的精神，去战胜一切困难，取得优良的成绩。

我的心里话

第二课　班级中的我

一滴水，只有放进大海里，才会永不干涸；一个人只有生活在温暖的集体里，才会享受到集体给你带来的欢乐。我在班级这个集体里，得到了老师的亲切关怀、同学们的热心帮助，那一幕幕的动人场面常在我脑海里闪现，使我难以忘怀。

“不好了，有人晕倒了！”隐隐约约地听见有人喊了一声，我便什么也不知道了。原来由于学习过于劳累，再加上没有吃早饭，上课间操的时候，我忽然感到眼前一片黑，就晕倒在地上。不知过了多长时间，当我慢慢睁开双眼时，看见很多同学围在我的身旁忙碌着：有的为我擦脸上的汗水，有的手里拿着面包和汽水等待着我。他们见我苏醒过来了，都松了一口气，脸上露出了宽慰的笑容。这时，耳边传来一个熟悉而亲切的声音：“来，把药吃下去，然后再吃点饭。”我转头一看，是班主任李老师，只见她左手拿着水杯和两片药，右手拿着一个饭盒。我的心猛地被一股暖流冲击着，泪水夺眶而出，“呜”的一声，我扑进老师的怀里大哭起来。此时尽管是冰天雪地，寒风凛冽，我却感受到老师那慈母般的爱，感受到生活在这样一个班级里的无比温暖。

这个班级中的我，处处受到老师和同学们的关怀和帮助，使我又一次感受到班级的无比温暖，这关怀，这温暖，将化作一首歌，永远回荡在我的耳边，激励我前进。

[读读想想]

你生活在班级里，是否得到老师和同学们的帮助？你是否帮助过别人？你感到班级温暖吗？

[试试做做]

在班级里，你应该热情帮助有困难的同学，积极为班级、为同学做好事，应成为一个积极上进、乐于助人的人。

[我的目标]

在班级里，关心、帮助别人，事事做在别人前面，做个品学兼优的好学生。

[老师的话]

在班级里只有你关心、帮助别人，才会得到别人的关心和帮助，我们生活在一个班级集体里，就应该互相关心、互相帮助。

我的心里话

第三课 家中的我

我生活在一个知识分子的家庭里，父母都是医生，他们酷爱自己的工作，用大人话讲，挺爱钻业务的。我为有这样的父母感到自豪，虽然我没有得到什么物质实惠，但得到了丰富的知识财富，使我学会了怎样做人，我感到很满足。

有一次考试，我得了第一名，喜气洋洋地回到家。“这次考试我得了第一名。”我一边夸耀着自己的“功绩”，一边看着爸爸妈妈的表情，奇怪，他们的脸上并没有显出特别高兴的样子。

“开饭了！”我几步跑到桌前，满以为桌上摆满了丰富的菜肴，可是，面前只是摆着平日的家常便饭，爸爸妈妈像往日一样坐在桌前吃了起来。

“你怎么还不吃？”妈妈捅了我一下。

“啊，他们怎么没做好吃的呢？”我的心全凉了。

晚饭后，我独自待在房里生闷气：“难道我这个第一名就换来了这些？怎么也该夸我几句呀！”眼泪顺着脸颊滴到眼前的奖状上，把“第一名”三个字都浸湿了。“好了，别想了，反正事情已经过去了。”我拉开抽屉，漫不经心地翻弄着。突然，我被最底层的一张红色的纸吸引住了，那是一张奖状，上面写着“李明同志在研究解剖学的实验中表现突出，荣立二等功，特颁此证。”那张奖状因为长期放在抽屉里已有些发黄了。“怎么爸爸从来没提过此事呀?”我不禁想起爸爸经常鼓励我去做默默无闻的蜜蜂,不去学大吵大叫的知了。

想到这些,我明白了,爸爸妈妈认为我长大了,不能再像小孩子那样去哄了,他们是在用一种特殊的方式教育我要谦虚,不要沾染上浮夸、自满的恶习。多么纯真的爱呀！我的眼睛又一次被泪水湿润了,赶忙把自己的奖状同爸爸的奖状一起放在抽屉的最底层。

[读读想想]

当你在学校受到某种表扬的时候,你是怎样想的?你的爸爸妈妈又是怎样做的?

[试试做做]

在家里,谦虚好学,学爸爸妈妈默默无闻的工作精神,经常和爸爸妈妈一起讨论怎样学习和进步。

[我的目标]

在家里做个让爸爸妈妈放心的孩子。

[老师的话]

每个人在家里都应受到家长良好的教育,这样才能健康成长。

我的心里话

第四课　老猎人教子

一位老猎人常教导他的三个儿子要多动脑勤思考。一次，老猎人在盘子上放了四个大苹果，让三个儿子用最少的箭射掉全部苹果。大儿子比画了一下，说："我要用三支箭。"二儿子一听，急忙说："那我只用两支箭就可以。"小儿子先想了一下，说："我觉得一支就足够了。"

老猎人听了很高兴，夸奖小儿子聪明，让大儿子和二儿子向小儿子学习，不仅要有技术，还要善于开动脑筋。大儿子与二儿子听了不服气，认为小儿子在说大话。

于是小儿子一箭射出，四个苹果全都落地。

［读读想想］

1. 你知道小儿子是怎样用一箭射掉四个苹果的吗？

2. 小儿子同两个哥哥在思维方法上有什么不同？他的思维属于哪种思维方式？

3. 在学习、生活中，你是否运用过逆向思维？

［试试做做］

逆向思维不仅在学习、生活中，而且在工程技术上也被广泛地应用着。如在地下隧道掘进工程中，如何快速成洞，长期以来，人们只在掘进手段这一方向想办法。后来，人们转向怎样使岩石软化、气化，换一个角度想办法突破，从而创新了掘进技术。

找同学一起讨论，再列举出一些属于逆向思维的例子。

[我的目标]

做一名思维灵活、爱因斯坦式的好少年。

[老师的话]

确立了目标，就要坚持不懈地训练，要有丰富的知识，加上持之以恒的精神，必然会使思维更开阔，更灵活。

我的心里话

第五课 水的用途

学习委员:水是我们的朋友,我们人人都离不开水,请同学们在最短的时间内说出水的用途,说得越多越好。

张楠:水能喝,能洗菜、做饭,水能刷牙、洗头,水能浇花……

赵新:水能养鱼、养蛙、养鳖,水能发电,水能灌溉农田,水能救火,工业需要水,农业需要水,建筑业也需要水……

吴怡:水能载舟亦能覆舟,水能救人也能害人,水能变成水蒸气湿润空气,水能变成雨净化空气、滋润大地,救活干枯的禾苗……

学习委员:以上几位同学说得非常好,他们的思维活动都属于发散性思维。

张楠同学的思维具有流畅性。流畅性是指特定时间内迅速做出正确答案的个数。这是发散性思维的熟练程度的标志。

赵新同学的思维具有变通性。变通性是指思路灵活,说出关于问题答案的类别变化,即答案类别的数量。这是发散性思维能力的可塑性或可变性标志。赵新同学的思维不局限于日常生活当中,而有新的思路和想法。

吴怡同学的思维具有独特性,独特性是在变通的过程中,又有新型、稀有答案的个数。独特性是发散性思维最高层次的特征,也是思维独创性的最重要的标志。

[读读想想]

1. 经过本次活动的训练，你对思维活动有了哪些认识？

2. 说一说发散思维有哪些特点。

[试试做做]

找同学一起做一些发散思维的训练，如说说书有哪些用途；羽毛球打到树杈上，卡住了怎么办；续编作文结尾；等等。

[我的目标]

加强思维训练，做一名思维活跃、富有创造力的好学生。

[老师的话]

发散思维训练，可以通过情境设疑法（假设性问题、综合性问题……）、猜谜编谜法、多向思维法等方法来训练，在生活、学习中，有意识地对自己进行训练。

我的心里话

第六课 聪明的孔融

孔融是三国时的人物,他从小就聪明过人。一次,邻居王忠拾到一个装有一百两银子的包袱,出于善心,王忠在拾包袱的地方等候失主。一位富商来认领,在接过包袱数银两时,大叫起来:"这是我的包袱,但包袱里明明是三百两银子,现在怎么只剩一百两了呢?你把那二百两银子弄到哪去了?"王忠好心还钱,却被反咬了一口,二人争执不下,引来众人观看。大家都明白富商是不怀好意地讹诈,却没办法揭穿。孔融这时走出来说:"二位都是诚实人,都说了实话。既然……"大家一听,均觉有理,富商一听,不敢再玩花招,老老实实地认了错。

你知道孔融说了一句什么话吗?

[读读想想]

1. 孔融说了一句什么话,使富商不敢再玩花招,老老实实地认了错?答案:孔融说:"既然王忠捡到的是装有一百两银子的包袱,而你丢的是装有三百两银子的包袱,那这包袱显然不是你的,你还是快去找你那装有三百两银子的包袱吧!"

2. 为什么围观的人明知道富商是讹诈,却没办法揭穿,而孔融一句话,就说得富商老老实实地认了错?

3. 运用创造性思维方式解决问题有哪些好处?

[试试做做]

找同学一起谈谈，还有哪些方法可以揭穿富商的讹诈。大胆地进行创造性思维，大胆地进行“标新立异”。

[我的目标]

在生活、学习中有意识地进行创造性思维训练，培养分析问题和创造性解决问题的能力，并长期坚持下去。

[老师的话]

任何创造都是以知识为基础的，要在勤奋好学中提高你的智慧。

我的心里话

第七课　抛掉烦恼

临近寒假前的期末考试了,坐在教室里进行紧张复习的孩子们,觉得太累了,眼睛发直、脑袋发闷,一个个心烦意乱,他们真想走出去运动运动。班主任孙老师猜透了学生们的心思,便组织了一次滑冰活动。

天真可爱的孩子们像出笼的小鸟,一个个乐得手舞足蹈。他们迅速来到了校外村旁的小河边,在白茫茫原野中的小河上竟有一块被风吹净的冰面,光滑明亮。学生们进入冰场就活跃起来。山村学校没有冰刀,孩子们只是在冰面上用力地跑,用力地滑。勇敢的男孩儿滑得又快又远,女孩儿也不示弱,奋力追赶,不小心便有人摔倒了,仰面朝天,接着就是一阵笑声。

孙老师说:"现在进行滑冰比赛,五人一组,火车头带车厢,看哪个小组溜得最远。"孩子们手拉着手,五人一组进行比赛。孙老师也和学生跑起来。胜利了！学生笑了！老师笑了！

师生活动得兴奋,跑得起劲、开心,脸上红通通,头上热腾腾,孩子们乐得跳起来。他们完全忘掉了疲劳和烦恼,孙老师即兴为学生唱了一支歌 ,这是一支迎春之歌:"春天的脚步近了,孩子们在茁壮成长……"

在孙老师的歌声中,孩子们又重新坐在教室里,开始了轻松而认真的学习。

[读读想想]

你在学习和生活中遇到烦恼了吗？当你遇到烦恼时应怎样去做？

[试试做做]

当你遇到烦恼时，不妨找同学们做一些游戏活动、体育活动，比如下棋、爬山、滑冰等，用这些运动来去掉你的烦恼。

[我的目标]

去掉烦恼，战胜困难，自我调控情绪。做个优秀的小学生。

[老师的话]

每个人无论做什么事，不可能都顺利，都会有烦恼的时候，但是只要自己能够想办法调控，就能去掉烦恼，转为轻松愉快。你在这方面做得好吗？

我的心里话

第八课　欢乐人生

教师:第二次世界大战后的巴黎街道上一片瓦砾。有人问一位美国驻巴黎办事处的官员:“你看他们能重建家园吗?”这位官员在做出肯定的回答后,解释道:“他们的地下室桌子上还摆着一盆花呢!”一盆花表明了什么?

杨智:表明了他们重建家园的信心。

丛明:表明了他们能克服种种困难,重新建设美好家园的坚定信心,一种乐观的心境。

教师:丛明同学说得很正确,一个民族如此,一个人也应如此。当你在学习中总尝不到成功的喜悦时,比赛时总遭到失败时,当你被同学误会时,当昔日的朋友离你而去时,当你在学习、生活中时常遭遇到失败和碰壁时,你的心情是怎样的?

丛明:我觉得有太多的忧愁、烦恼,似乎所有的悲哀正笼罩着自己,我感到焦虑不安,对什么都失去信心。

杨智:我怀疑自己的能力,失去了进取的勇气和信心,觉得懊恼和沮丧……

教师:在人生的旅途中,一帆风顺、青云直上的路是极少的,总会遇到挫折、失败、坎坷。要正视现实,做学习、生活的强者,要有乐观主义精神。乐观的心境能激发你对生活火一般的热情，如果失去乐观，那么在困难把你打倒之前，我们自己就先把自己打倒了。

乐观是心理健康、意志坚强、充满信心的一种表现，要学习巴黎人民重建家园的乐观、坚定的信念。同学们，张开双臂拥抱乐观吧！让它去融化一切悲哀、一切痛苦。要知道，人最大的光荣不是永不跌倒，而是跌倒后还能站起来。当你站起来时，你已比原来的位置向前一步。昂起头，把乐观装在心中，让微笑挂在唇边。

[读读想想]

1. 你知道失去乐观的心境，对生活、学习有什么影响吗？

2. 你将以怎样的心境对待今后遇到的挫折、失败？它有什么好处？

[试试做做]

重新认识自我，对自己充满信心，找出失败的原因，乐观地向进取的目标前进。

[我的目标]

“失败是成功之母。”用乐观的心境看待一切，做学习、生活的强者。

[老师的话]

用乐观鼓励自己，用乐观欣赏自己，纵使困难使你一筹莫展，也要对自己说：我只要乐观地看待一切，一切就会好起来！

我的心里话

第九课　不妨哭一次

在我以前的记忆中，我从来没哭过。可是最近有一件事使我无法忘记，它像烙印一样，深深地刻在我的脑海里，抹不去、擦不平，因为它让我哭了一次。

那是由一堂班会课引起的，那堂班会课进行改选小队长、中队长的工作。

我一连任了两年的中队委员，心想：这次改选，我肯定是稳坐泰山了。这时老师让同学们提名，好朋友张莉把我的名字提了上去，榜上有名的我，真是得意扬扬。到举手表决的时刻了，我还是很自信，前面几名同学的票数都不是很多，二十几票、三十几票的，我不屑一顾，心想：我的票数肯定比他们的都多。

下一个就是我了，选我的同学少得可怜，最多不过二十个，我失望了。这时我满脑子都是恨，恨同学们不选我，恨老师多管闲事，偏偏这时要改选。可这也不能全怪同学和老师，因为这一年，我很骄傲，自己当了个“官”就高高在上，看不起班上的几个差生。

我心里难过极了，是羞耻，还是悔恨？说不出是什么滋味，心里憋得难受。这时我真想大哭一场，想着想着，我真的哭了，泪水夺眶而出。这泪水好像让我改掉以前的错误；这泪水好像在鼓励我今后好好地做个小学生；这泪水将永远鞭策我，让我进步。

[读读想想]

在改选中队委员的班会上，因自己落选而感到羞愧、难过，自己恨同学不选自己。在极端难过的情况下，“我”如果不哭，而是硬憋闷着，会怎么样呢？

[试试做做]

在你非常伤心的时候，不妨哭一次，心情也许能平静得多，也许能唤起你前进的信念。试一试。

[我的目标]

决心当一名合格的小学生、优秀的班干部。

[老师的话]

作为一名班干部，应该谦虚，要正确对待自己，正确对待同学和老师，这样自己才能进步。

我的心里话

第十课 抵制诱惑

刘相奇和他的名字一样，非常喜欢下象棋，而且下得也不错，就连爷爷也常败在他的手下。刘相奇的棋艺是跟爷爷学的，爷爷退休后常在门口跟邻居下棋，小相奇看来看去就看出了门道，后来居然在邻居中成了高手，胜多败少。他棋越赢越对下棋有兴趣，只要听到棋子一响，就坐不住了，以至于常常完不成作业。

老师了解到刘相奇的情况后，找来刘相奇谈心，并给他讲了一个故事。有一个科研人员把几名小孩子带进一个房间，对他们说："你们面前都有一块糖，现在就可以吃掉它。但如果谁能等我出去一会儿回来再吃，就能吃两块。"这个人刚出门，就有几个孩子急不可待地吃掉了糖；还有的孩子坚持了一会，但未等科研人员回来，也吃掉了；只有几个孩子一直等下去，结果吃到了两块糖。过了十年，科研人员发现，小时候有较强的自控能力，学习会进步得较快。

讲完后，老师问相奇："你明白这个故事的意义吗？"相奇点点头说："我再也不下棋了。"老师说："棋还要下，我也希望你下得更好，什么时间下棋，下多长时间，由你自己来定。"

打这以后，刘相奇在做作业时听到下棋声再也不动心了。不过，他的棋艺并没有因此退步。

[读读想想]

1. 你有没有过在做作业的途中去做你觉得很有趣的事？

2. 小孩子忍耐不住吃掉了糖，主要是因为年龄小。你如果也忍耐不住，那么是因为什么？

[试试做做]

1. 毛泽东小时候为了锻炼自己的自制力，曾专门到闹市中去读书。你不妨试试。

2. 说一件你引以为荣的抵制诱惑的事情。

[我的目标]

我不能没有兴趣爱好，我不能只为了兴趣爱好。

[老师的话]

有些同学听课不专心，那是抵制不了诱惑才分心；有些同学完不成作业，大部分是抵制不了诱惑才没时间完成。学会自制，听课、做事才会专心。

我的心里话

第十一课 你、我、他说意志

校外辅导员：今天我们开一个小小故事会，请同学们讲一个具有顽强意志的人的小故事，这个人应该是对祖国、对人民有贡献的人，是我们应该向他学习的人。

李林：唐朝有个僧人叫玄奘，就是《西游记》里唐僧的原型，他为了学习佛经，只身去天竺国学习，途经西域各国，经历了千难万险。但他百折不回，终于到达了天竺，为中外文化交流做出了贡献。

孙斌：《三国演义》里的名将关羽，中了毒箭后请华佗治疗。当时没有麻醉药，刮骨疗毒是难以忍受的，但关羽以顽强的毅力坚持住了，而且谈笑风生，从容对弈。我真是佩服他。

王磊：我听说有一种农药叫作“六六六”粉，是试验了666次才成功的，真不简单，这多么需要一种百折不挠的精神啊！

张杨：志愿军战士邱少云，为了战役的胜利，为了隐蔽的部队不被敌人发现，在烈火烧身的情况下，一动不动，直至牺牲，这是多么伟大的集体主义精神！这需要多么惊人的毅力呀！

……

校外辅导员：同学们讲得很好，顽强的意志力对于一个人的成功来讲至关重要。一个人要想成功，只有远大的理想还不够，还需要有坚韧不拔的毅力、克服困难的决心。这样，他就可以到达胜利的彼岸，取得辉煌的成绩！

[读读想想]

1. 想想你身边的人，谁具有顽强的意志？他的典型事迹是什么？

2. 想想自己的意志力怎么样？还应该做哪些努力？

[试试做做]

把近两年来最能说明自己有毅力、克服困难的一件事回忆一下，写下来，作为今后自己前进道路上的动力，推动自己做事更有恒心，更有毅力。

[我的目标]

想好了就做，做就做好，做就做到底。

[老师的话]

培养良好的意志力要从具有良好的行为习惯做起，做事情要有始有终。想想自己是不是做得很好。

我的心里话

第十二课　学会竞争

心理辅导老师：

您好！

我叫赵毅，是五年级四班的学生。下周我们班就要改选班干部，老师说要通过竞争选举出班长、副班长、学习委员等。同学们让我也参加竞选，可我很犹豫，对自己没有信心。请问您，我是否可以参加竞选？

学生：赵毅

赵毅同学：

你好！

竞争，这正是你们这一代人所面临的一个严峻的考验，老师让你们通过公平的竞争，竞选出班干部，可见独具匠心，这也是时代向你们提出的挑战。

当今，在改革开放的大潮中，人们最熟悉的词语恐怕就是“竞争”吧！竞争的年代，竞争的机制，竞争推动了社会的发展、人类的进步。二十一世纪是一个竞争的时代，更需要有竞争意识的人，我们从小就应该有意识地培养自己的竞争意识。

要培养自己的竞争意识，首先是对自己要有正确的认识和评价，即自我意识。其中对个人行为影响最大的就是自尊心和自信心。

自信心强的学生表现非常活泼，能够表达自己的思想，学习好，与人相处也好，有广泛兴趣，有创造力；自信心不太强的学生，对自己的能力和价值不清楚，不开朗，胆小怕事，不争取领导地位。显然自信心强的学生必然成为更有能力的人。

自信心是对自己力量的充分估计，是人们成长与成才中不可缺少的一种重要的心理品质。如果一个人缺乏自信，觉得自己这也不行，那也不好，就会放弃努力。想要获得成功，就要对自己充满信心，相信自己能行。

参加竞争就是向自己挑战，证实自己的能力。如果竞争成功，就充分发挥自己的才能，为同学、老师、班级服务，做出贡献；如果失败，也不要气馁，找出差距，不断完善自我。我相信你能行，做竞争中的强者吧！

心理辅导老师

[读读想想]

1. 你觉得公平竞争有什么好处？

2. 怎样培养竞争意识？你有这种意识吗？表现在什么地方？

[试试做做]

开个班队会，竞选主持人、中队长等，通过各种活动，培养竞争意识。

[我的目标]

正确评价自己，对自己充满信心，做一代具有竞争意识、创新精神的新人。

[老师的话]

你们在成长的过程中，既要培养竞争意识，又要讲求协作精神。竞争是意志坚强者手中的“双刃剑”，协作是智者手中的盾。为祖国繁荣昌盛而自强不息、奋斗不息吧！

我的心里话

第十三课　山溪和山泉

山溪和山泉是山妈妈的两个儿子。一天，山妈妈对山溪和山泉说："孩子，你们长大了，该到遥远的东方，找你们的爸爸去了！"

山溪和山泉高高兴兴地告别了山妈妈，叮叮咚咚地唱着歌儿出发了，去找爸爸——东方大海。

可是去东方的路，充满坎坷、艰险，需要勇敢和坚强。

不久，它们走上绝崖，前边没路了。山泉爬到崖边往下一看，我的妈呀，万丈悬崖，下面是幽深的山谷。"我害怕，我害怕！"山泉便一股脑儿地钻进岩缝中溜了下去。山溪却勇敢地跃下万丈悬崖，身后留下美丽的瀑布，谷底溅起洁白的水花。山溪回头望着山泉招招手，又冲出深潭继续前进。

山溪和山泉结伴来到山花烂漫的田野。山泉顷刻醉卧于花间，舔着洗衣山姑的脚丫，吻着山花美丽的倒影，打着漩涡不想离开。山溪对见异思迁的山泉说："弟弟，别忘了，我们是去找爸爸的。"山泉这才很不乐意地和山溪一道上路。

它们进入了烈日炎炎的流沙滩。"热死人了，我再也不愿去了！"山泉叫喊着隐入流沙滩，不再露面。山溪冲上滚烫的流沙滩，身子在变小，但它还是顽强地冲了过去，加入了江河的行列，终于投入了爸爸的怀抱。

蓝天下，大海高兴地对山溪说：“你真是爸爸妈妈值得骄傲的儿子。”

[读读想想]

山溪和山泉在去东海的途中，遇到了什么困难？它们都是怎样做的？

[试试做做]

前进中必定有困难，遇到困难是害怕，还是勇往直前？和同学们讨论一下，怎样做才对？

[我的目标]

学习山溪不怕困难，勇敢顽强，直至胜利。

[老师的话]

山溪和山泉是一对兄弟，可兄弟俩不一样，一个怕困难，一个勇于战胜困难。我们在学习的时候，也有困难，但我们要像山溪那样，克服艰难险阻，勇敢地去战胜它，胜利终会属于我们的。

我的心里话

第十四课　学会预习

学习委员:我们利用四个班会时间分四个题目讨论一下学习方法问题。会后出一期墙报,刊登好的学习方法、经验总结。

今天要讨论的内容:我是怎样预习的?请发言。

张杨:我的预习方法就是读课文,老师准备讲什么我就先读什么。

刘斌:我也是读课文,遇到不认识的字或不懂的地方就记下来,上课时重点听我不懂的地方。

王磊:我预习时常常想这节课的知识和以前学过的知识有没有关系,因为我觉得没读明白的地方大部分是前边学的知识没记牢,没和新的知识联系上。

李林:我预习时总要给自己提几个"为什么",自己解答不了的留在课上问老师。

孙岩:我预习时除了读课文外,主要是做课后习题,自己试着回答这些问题,看自己学会了多少,还有哪些不明白。这样,我到上课时和做作业时就轻松多了。

学习委员:今天的讨论很好,还有一个问题请大家注意,那就是不同的学科在预习方法上也会有所不同。

[读读想想]

1. 很多知识在课堂上还要学，预习是不是多此一举？为什么？

2. 说一说，你预习后听课和不预习听课有什么不同的收获。

3. 预习方法还有不少，如讨论式的预习、结合复习的预习、模仿讲课式的预习。想想看，还有什么预习方法？

[试试做做]

向学习好的同学请教，他是怎么预习的。你自己准备采用哪一种预习方法？

[我的目标]

根据自己的学习情况，采取一种适合自己的预习方法，并坚持下去。

[老师的话]

没有学习方法的学习是不科学的学习，不会自学的学生就像扔不开拐棍的人一样。希望同学们重视预习，要会预习。

我的心里话

第十五课　记好笔记

学习委员:我们今天讨论一下怎样记笔记的问题。请大家谈一谈你是怎样记笔记的,这样做有什么好处?

郭静:我在课堂上记笔记的内容只有两个方面:一个是老师写在黑板上的我才记,另一个是老师要求记我就记。我记的东西不多,主要是怕记笔记影响了听课。

王磊:我很少记笔记。我觉得只要认真听课就行了,我不算笨,老师讲的我听得懂、记得住。

孙岩:王磊同学,昨天课堂提问你怎么没有答上来呢?看来还是没记住。关老师说过:好记性不如烂笔头。学习要手脑并用,要认真听、认真想、认真记。

李林:我在课堂上主要是听,当遇到听不懂或没完全明白的地方我才记笔记,这些都是课后复习的重点。

张杨:我课堂上记的东西比较多,所以笔记比较乱。课后一有时间我就整理课堂笔记,这样,就等于把一节课复习一遍,同时挑出重点再复习,所以印象很深。

学习委员:看来记笔记的方法每人都不同。记笔记不是目的,记笔记是为了深入学习。

[读读想想]

1. 老师从哪一年级开始让你记笔记的?对记课堂笔记提出

过什么要求?

2. 你觉得记笔记对你的学习和记忆有哪些帮助?

3. 你自己感到哪种记笔记方法比较适用?

[试试做做]

你前后桌的同学是怎样记笔记的?借来学习一下。通过比较,找出自己记笔记的不足之处。

[我的目标]

课堂上注意看,认真听,动脑想,有目的、有重点地记笔记。

[老师的话]

养成记笔记的好习惯,勤动脑,勤动手。

我的心里话

第十六课 应试须知

学习委员:常听一些同学说:“没考好。”就是说学习好,考试没有考出水平,这是怎么一回事呢?请大家发表意见。

张杨:我以前考试成绩总不理想,现在一回想,就是不会考试,越不会考试,就越怕考试。

于帅:我也怕考试。考完后老师就公布成绩,学年还排榜,成绩总在后头,总也抬不起头来,回家又挨批评。我一听说考试就头疼。

李林:我每次考试成绩都还不错,在班里总是头几名。可是我也怕考试,万一考砸了,那多丢面子呀!

王磊:我没有怕考试的感觉,考试时就应当认认真真地想问题,抓紧时间答题,想那么多有什么用?我觉得学生怕考试和士兵怕放枪一样。

孙岩:有一年春节晚会上,陈佩斯和朱时茂叔叔把小话筒弄掉了,我想他们演出时心里一定很紧张,准备工作没做好。有一回考试我没事先削好铅笔,考试时着急削笔,越急越爱断笔芯,真是急死人啦!这也是准备工作没做好,所以考试也没考好。

学习委员:看来平时努力学习才会不怕考试,不怕旁人笑话才会不怕考试,准备好考试用品才会不怕考试。

[读读想想]

1. 你怕不怕考试？如果怕考试的话是因为什么？有办法解决吗？

2. 你在考试前都做哪些准备？

3. 你考试时有马虎大意的毛病吗？怎样纠正不细心的毛病？

[试试做做]

1. 你对考完后排成绩榜的做法有没有意见？如果有的话请汇报给老师。

2. 和同学们讨论一下，考试前应做哪些准备。

[我的目标]

认真复习了，认真准备了，我还怕考试吗？

[老师的话]

考试是检验教和学的重要手段，也是下一步学习的起点。对于考试，既不要轻视，也不要惧怕，要做好必要的准备。

我的心里话

第十七课　课外学习

学习委员:咱班的同学大部分都有特长,有能歌善舞的,有写一手好字的,有会乐器的……请大家介绍一下,你是怎样才有这个特长的。请不要谦虚。

贾铭:大家都说我作文好,写得快,我觉得读课外读物对我很有帮助。在二课堂活动时,我到学校阅览室看书,在家里我也常看课外书,所以写作文时那些印象深的词呀、句呀、故事呀,不知不觉就用上了,觉得有话可说。

李林:我报名参加少儿书法班学习,写字工整、美观多了,二课堂活动中板报小组一出板报就让我写,越写也就越美观了。

李蒙:我爱唱爱跳,参加了班级文娱小组,我还学会了视唱简谱。

鲁林:我参加制作组,用火柴盒粘的沙发还获奖了呢!

齐云:我参加珠脑速算小组已经三年了,我敢说班里论心算、速算我第一。

丁丽:暑假里我学会了摄影。

王磊:我学会了吹笛子。

……

学习委员:我要向同学们学习,也要培养一种兴趣,参加一项课外活动,具有一门特长。

［读读想想］

1. 你有没有兴趣和特长？是在课堂上还是在课外培养的？

2. 你愿意参加二课堂或其他课外活动吗？

3. 你打算培养什么特长？

［试试做做］

1. 不妨参加一个兴趣小组，或跟有特长的同学学一点课外知识，培养一种健康的爱好。

2. 制订一个课外活动计划或寒（暑）假活动计划，使自己的课余生活更丰富多彩一些。

［我的目标］

培养一种兴趣，增加一份乐趣，掌握一门知识。

［老师的话］

课上是学习，课后也是学习。学中有乐，乐中有学，全面发展。

我的心里话

第十八课　我的学习经验

一周后，班级墙报刊登了两篇学习经验总结：《五步学习法》《王磊的学习经验》。

在老师的指导下，我学会了五步学习法，即预习、听课、复习、做作业和写小结。

预习有课前预习、阶段预习和学期刚开始时预习。我是先从最差的数学这一科开始预习的，养成习惯后对所有功课都进行预习了。预习时找出不懂的地方，做好标记。预习时认真阅读，并做好笔记。预习要和听课联系起来。

听课时我很专心，不懂的就举手发问，课堂上认真记笔记，课堂上没听明白的地方做个标记，这是课后复习的重点。课堂上我听课时也注意看，看老师的表情，看老师的板书，看挂图和实物。听和看都给我留下了深刻的印象。

复习时我先不看书，把课堂上学的知识先回忆一遍，然后把做了没弄懂标记的地方弄明白，同时整理一下笔记。有时间我还把以前学过的知识再复习一下。

复习之后才能做作业。

做作业时要认真审题，这样才能做正确，提高速度。作业要整洁。做完作业后要检查。做作业时我还常常想，这道题还有没有其他答案或解法？是属于哪一类题型？做错了要弄明白原因。

每一星期或每一单元结束后，还要写小结，想想学了什么、会了什么，还有哪些该补上的知识。

我的翅膀

李林的学习经验

要飞上蓝天，就要有翅膀。要想学习好，就要提高学习能力，增强智力。

我爱阅读，阅读帮我吸收和消化知识。多读书、读好书、重点读，这样才能做到营养多、不偏食。

预习要读，读时要记，读不明白要问，有趣的地方读后讲给同学听。

学习时精力要集中。对学习要有兴趣，这样才会专心致志。明确学习目的，学习过程中才能有毅力。我怕注意力分散，听课时重点地方要注意听。活动时间要放松，做作业时文理科交叉做，半个小时后小休一会儿。

多看就能多学。看要留心，看要培养兴趣，越有兴趣越爱看。看时要想，这就是观察。看要看出门道，看要分析比较，看要和记录相结合，见多才能识广。

我不硬背知识，为什么很多知识我能记住呢？那是因为我对知识有兴趣，对一些问题我常常进行区别和比较。通过联想，记住重点框架，隔一段时间复习一次，常常与同学们讨论这些问题，所以记得牢。

常想问题很有好处。不想就不会提出问题，在预习、上课、复习、做作业、总结时都要提问题。别看我有时“胡思乱想”，老师还表扬我有想象力呢！

[读读想想]

1. 这两位同学的学习经验和你的学习方法有什么不同？

2. 你在学习过程中感到愉快还是很犯愁，为什么？

3. 你在学习上有没有捷径？如果有，那是什么？

[试试做做]

1. 和同学们交换一下学习方法。

2. 找出自己学习方法上的不足，制订一个改进学习方法的计划。

[我的目标]

学习上不怕笨，就怕使笨劲，我要让自己聪明起来。

[老师的话]

站在他人的肩上，我们可以看得更远；学习他人的经验，可以弥补我们的不足。大家学习的路程还很长，有了好的学习方法，才能轻松地到达目的地。

我的心里话

第十九课 当我被嫉妒时

我有个从小学开始一同上学的好朋友,人家常说我俩是两个身子一个脑袋,成绩不相上下,也都是班上主要干部,工作上一直很合拍。

前不久在学生会改选中,他不知为何没选上,我却被推上了学校学生会主席的位置,又被评为市三好学生。从此,我们的关系不知因何冷冻了,他动辄就风言风语,有时好像我成了他的出气筒,我有什么事找他商量,他总是不理不睬的。我虽然尽量克制,可也窝了一肚子的火,我真不知道在什么地方得罪了他,该怎么办?就这个问题我给心理辅导老师写了一封信,向他述说了我的烦恼。

不久老师回信了,信中说:"这位同学之所以现在老跟你过不去,反目为仇,并不是你得罪了他,而是由于你的春风得意和良好的社会评价所诱发的一种对你的嫉妒心理。正是这股'妒火'烧昏了你的好友的头,导致出现一些非理智的、不应有的行为。你应该记住这三条:

"1. 走自己的路。被人嫉妒,证明自己是超过他人的,或获得荣誉,或被委以重任,或聪明灵秀,或楚楚动人。没人去嫉妒一个无能之辈。只要自己的成绩和优势是通过自己的努力得来的，就不要受别的干扰，要继续前进。

“2. 向嫉妒者表露自己的短处，主动求助。向嫉妒者表露自己的弱点和短处，说明自己并不是样样都行，希望得到对方的帮助。对方感到自尊心获得某种满足，会降低嫉妒之火。

“3. 主动帮助嫉妒者。有成绩的人主动帮助他人，不保守，别人就会感到你的进步不一定是对他的威胁，就不会起嫉妒之心。”

读了老师的信后，我试着按老师教的方法去做。果然，我与他的矛盾渐渐缓解了，我们又成了一对好朋友。

[读读想想]

1. 怎样才能缓解别人的嫉妒之心？

2. 当遭到别人嫉妒时，你应当怎样做才合适？

[试试做做]

1. 观察身边有没有发生嫉妒别人或遭人嫉妒的事。其起因是什么？

2. 如果遇到受嫉妒的情况，不妨仿照课文中的做法试一试，看看有没有效果。

[我的目标]

我不能因怕遭人嫉妒而不努力学习。遭到嫉妒时我会冷静和宽容。

[老师的话]

别人有了优点应学习，自己有了弱点应改进，如果只是嫉妒，那就会造成“我不行，你也别想行”的局面。我们应该大度、宽容、谦虚和奋进。

我的心里话

第二十课　当我被误会时

老师，有一件事，一直埋藏在我心里，不敢对您说，可是憋在心里实在难受，现在，让我写信告诉您吧！

那是一堂作文课，您讲得津津有味，可不爱学习的刘毅同学却偷偷地折起纸灯笼来。作为班长的我不愿打扰您讲课的思路，就用手轻轻地拐了他一下，提醒他不要再做小动作，可他连听都不听，继续折他那可爱的小灯笼。趁您转过身在黑板上写字时，我又轻轻地警告他："上课不准做小动作！"可能他发现您在注意我们，便迅速地将灯笼扔在我的座位下。

这时，您转过身来，三大步跨到我的身旁，恶狠狠地批评了我："什么班长？带的什么头？上课还带头讲话。"我轻轻地说："我没有。"见您批评我，刘毅幸灾乐祸地举手告道："老师，他上课还折灯笼呢！"于是您便在我的座位下找到了证据。我轻轻地反驳："不是我。"不容我解释，您不分青红皂白，将灯笼撕得粉碎，然后命令我一小片一小片地捡起来。您又凶神恶煞般地说："你真是讨厌透顶，撤了你的班长职务，罚跑步二十圈。"我一边跑一边哭。下课了，同学们都围过来看稀奇，您又当着那么多人的面讽刺我、嘲笑我……我真恨不得找个洞钻到地下去。我不知道那一天是怎么过完的！

一连多日，我的心情沉甸甸的，在学校不敢和同学们玩，在家里不敢对爸爸、妈妈讲，夜里常做噩梦……

老师，您严格要求我们没有错，可是您为什么不经过调查就恶语伤人，体罚学生呢？您知不知道，由于您经常误会同学们，大家都怕您，都不敢亲近您？您应该知道，这样下去，只会同“优秀班集体”的差距越来越大。

老师，希望您看了这封信，不要再误会我们了。

[读读想想]

1. 课文中所提到的消除误会的方法，你认为能达到目的吗？如果你遇到了这类事会怎么做？

2. 你想没想过怎样才能防止或减少误会？

[试试做做]

说一件你或身边的人被误会的事，当事人是怎么处理的？对其消除误会的方法评价一下。

[我的目标]

做自己认为对的事，不怕别人不理解。

[老师的话]

当你被误会时多说几句话，就能驱散心里的那片乌云。

我的心里话

六年级

六年级心理素质教育课程纲要与说明

本章从自我意识、智力、情感、意志、个性、学习和交往七大方面，在前几个年级教育的基础上，结合小学高年级的心理素质教育目标，对小学六年级的心理素质的教育内容做了如下安排。

一、自我意识训练方面

在自我意识训练方面主要突出了：

1. 让学生勇于正视自己的缺点与错误，克服自负心理。

2. 提高学生的自我约束能力，加强自我意识的调控作用。

3. 让学生了解自己的特长，增强自豪感和自信心，强化自我意识。

二、智力训练方面

在智力训练方面，重点是创造性思维训练及创造力的培养，主要内容有：

1. 让学生懂得类比推理，提高其创造思维能力。

2. 训练学生的发散思维能力，提高创造力。

3. 让学生知道利用仿生、仿形进行创造活动。

4. 让学生知道组合创造法，提高其创造力。

5. 训练学生的想象力，尤其是创造想象能力。

三、情感教育方面

在情感教育方面，主要内容有：

1. 教育学生学会帮助他人调控情绪。

2. 帮助学生运用心理防御机制，合理调节消极情绪。

3. 让学生以情境想象法来调节情绪。

四、意志培养方面

在意志培养方面，主要内容有：

1. 对学生进行耐挫折教育，提高意志品质。

2. 教育学生克服困难，培养坚强的毅力。

3. 培养学生既沉着、冷静又坚决果断的意志品质。

4. 培养学生的自律性。

五、个性塑造方面

在个性塑造方面，主要内容有：

1. 培养学生勇敢、正直的个性特征，增强其正义感。

2. 培养学生的合群性，避免形成孤僻、自私、冷漠等不良性格特征。

3. 让学生懂得宽容，避免形成暴躁的不良性格特征。

六、学习指导方面

在学习指导方面，主要内容有：

1. 让学生学会向实践学习，善于把书本知识与实际生活结合起来。

2. 让学生学会复习，提高学习效果。

3. 让学生懂得科学用脑，充分发挥脑的潜能。

七、交往指导方面

在交往指导方面，主要内容有：

1. 让学生学会倾听，提高人际交往和学习能力。

2. 让学生学会书信交往，提高交往技能。

3. 让学生树立正确的择友标准，提高交往质量。

4. 培养学生正直、诚实的良好性格，增进人际吸引。

5. 培养互助与合作精神，提高对人际交往意义的认识和能力。

第一课　唐太宗下《罪己诏》

唐太宗是我国历史上一位比较开明的皇帝，能自觉地以国家法律约束自己，一旦发觉自己的做法违背了法律，还能认真地进行自我检讨。

有一次，有一个叫党仁弘的大将，他做广州都督时，贪污了大量的钱财。这件事被告发后，主管司法的大理寺将他依法判处死刑，可是唐太宗以往很重视党仁弘，认为他是一个非常难得的人才，舍不得杀他，于是便下了一道圣旨，取消大理寺的判决，改为撤销职务、流放边疆的处分。

处理之后，唐太宗心里很不安，感到自己出于个人感情，置国家法律于不顾，做得很不应该。于是他把大臣们召到金銮殿，心情沉重地向大臣检讨说："国家的法律，皇帝应该带头执行，而不能出于私念，不受法律制约，失信于民。我袒护党仁弘，实在是以私心乱国法啊。"

于是，唐太宗写了一道《罪己诏》，唐太宗在《罪己诏》中检讨说："我在处理党仁弘这件事上，有三大过错：一是知人不明，错用了党仁弘；二是以私乱法，包庇了党仁弘；三是奖罚不明，处理得不公正。"唐太宗向大臣宣读后，立即下令将他的《罪己诏》向全国的臣民公布。

唐太宗勇于自省，维护了法律的尊严，为臣民们树立了榜样，促进了唐朝的经济繁荣、社会稳定、文化兴盛。

[读读想想]

1. 唐太宗《罪己诏》的基本内容是什么？

2. 唐太宗下《罪己诏》的做法说明了什么？他这样做有什么好处？

[试试做做]

我对你说（活动）

目的：借助"我对你说"活动机会，同学间相互敞开心扉，述说一下自己的突出个性，以增强自我意识。

步骤：

（1）全班学生平均分为四个组，并选出一名骨干同学为组长。

（2）班主任指导讲话，交代活动目的、做法和要求。

（3）活动开始后，每个小组的学生轮流说出自己突出的个性，要有理有据，使人信服。

（4）小组活动结束后，每组选出一名个性优秀的同学在全班述说自己的突出的个性特点。

[我的目标]

"自我意识"是自己对自己存在的意义以及与周围事物的关系有一个正确的认识，从而保证自己的健康成长。我的特点是：________________________。

我未来发展的目标是：________________________。

[老师的话]

责备别人不如责备自己，对别人求全责备，不如严格要求自己。

我的心里话

第二课 “班级之最”

亲爱的同学，现在你已是六年级的小学生了。作为班集体中的一员，你应具有自己的特长。有的同学，却总是感到自己在集体中处处不如别人，总感到低人一等。这样想是不对的。其实，每个人都有不如别人的地方，也有胜过别人的地方，事物都是一分为二的，关键是能不能、善于不善于发现自身的“闪光点”。如果你能早一点发现自己的“闪光点”，或许，你的特长早已成为“班级之最”了呢。

来吧，仔细地分析一下自己的特长，这方面不如别人，看看其他方面怎么样。相信自己！

选择的范围可以是音乐、美术、书法、体育、演讲、制作、集邮、饲养、学习、劳动等方面，可以选一项或几项，内容不限。

快来参加这个活动吧，看看自己的特长能否成为“班级之最”。相信你一定会发现自己的独特之处的。

[读读想想]

1. 你的特长是什么？能成为“班级之最”吗？

2. 你的“班级之最”是否稳定？你将如何发展这一特长？

3. 你的爱好和特长未能成为“班级之最”，下一步你打算怎样做？

[试试做做]

1. 同学轮流向全班宣布自己的特长,可以表演。

2. 同学们评议,最后选出每一个方面的“班级之最”。

[我的目标]

了解自己的特长,从而增强自豪感和自信心,强化自我意识。

[老师的话]

世界上不是缺少美,而是缺少发现美的眼睛。

我的心里话

第三课　摘月亮

美国的莱特兄弟是一对充满想象力的孩子。一次,两人在大树底下玩,抬头一看,只见一轮明月挂在树梢上。于是,两人就产生了爬到树上摘月亮的“奇想”。结果,不但没有摘到月亮,反而把衣服刮破了。

他们的爸爸见此情景,耐心地诱导说:“月亮那么高,怎么可能在树上摘到它呢?”两个人看见空中的大鸟,又产生了神奇的想象:骑上大鸟到天空中去摘月亮。

随着年龄的增长,兄弟俩将这种虚幻的想象逐渐地转变为一种探索未知世界的激情。从此,两个孩子废寝忘食,矢志以攻。1903 年,他们根据风筝和鸟的飞行原理,成功地制造了人类历史上第一架用内燃机做动力的飞机。12 月 17 日,这架命名为“飞行者号”的飞机虽然在空中只飞行了 12 秒钟,距离地面只有 37 米,可是,它却是第一次将人载入了天空,使人终于给自己插上了“翅膀”。

经过几年的改进,在巴黎举行的一次飞行表演中,莱特兄弟的飞机竟飞行了 2 小时 20 分 30 秒,从而赢得世界各国的赞扬,为人类的航空事业做出了巨大的贡献。

[读读想想]

1. 莱特兄弟的奇想是什么？他们做了哪几次尝试？结果

怎样？

2. 莱特兄弟的幻想对于他们制成飞机起到了什么作用？为什么？

[试试做做]

1. 闭上眼睛，做下列想象练习（想象越形象越清晰越好）。

（1）想象一张妈妈的脸。

（2）想象一匹正在飞奔的马。

（3）想象你未来的形象。

（4）想象你未来发明出某种物体的形状以及它的作用。

2. 发挥你的想象力，画一个“太空城”，并将太空城里发生的趣事写下来。

[我的目标]

到下一个世纪，我热爱与从事的事业是：____________________
______________________________。

[老师的话]

合理的想象是创造的翅膀。

我的心里话

第四课 拼拼凑凑出新招

（一）

画家海曼是个粗心的人，他经常把橡皮丢到一边，想用时却不知道掉在哪里，或者因橡皮埋在纸堆里而无法找到。

“唉，真讨厌！”他时时为自己的粗心而苦恼、无奈，只好将橡皮拴在铅笔后端。这样一来，只要手中握着铅笔就不会把橡皮丢掉，什么时候都有橡皮可供使用。

事有凑巧，拴橡皮的铅笔让海曼的一位朋友看见了。“嗯，这玩意儿能成！”于是他设计了带橡皮的铅笔，并申请专利。

带橡皮的铅笔为同学们的学习带来很多的方便。

（二）

桃江县农民杨国锋叔叔，他家养了几十头猪。猪栏四周的墙壁上装上鸡笼，养了许多鸡，鸡粪掉下来成了猪最爱吃的饲料，猪吃了长得快。猪粪流入旁边的池子里，用来沤沼气。沼气又用来煮饭、点灯，这样既省煤、省柴，又清洁卫生。沤完沼气的粪渣流到旁边的鱼塘里，又是鱼的饲料。鱼塘的四周种上葡萄，架子伸到鱼塘上空，夏天鱼儿还可以乘凉。晚上鱼塘中央点上一盏灯，飞蛾见灯，蜂拥而来，碰到灯泡上，掉到池塘里，鱼又可以美餐一顿。这种“立体农业”的模式为农民找到了一条生态平衡的路子，取得了良好的社会效益和经济效益。

[读读想想]

1. 海曼的朋友借助于什么发明了带橡皮的铅笔？

2. 杨国锋创造的“立体农业”有什么优点和作用？

3. “带橡皮的铅笔”与“立体农业”的共同特点是什么？

[试试做做]

1. 除课文中举出的两个例子外，你还能举出五种以上由组合法发明的物品吗？

2. 请你用 6 个正三角形，拼出 12 种面积相等、形状不同的图形。

3. 课后请你用黏合创造法，制造出一种物品。

[我的目标]

我将用黏合创造法制作________________，它是由________________组成的，它的作用：____________________。

[老师的话]

在科学上没有平坦的大路可走，只有在崎岖小路上攀登而不畏劳苦的人，才有希望到达光辉的顶点。

我的心里话

第五课 小英笑了

单元质量检测考试结束了。成绩一向优秀的小英却考了个及格。当她得知成绩后，心里别提有多难受了，整日闷闷不乐，时常躲在角落里掉眼泪。

小英的反常情绪被王敏看在眼里，放在心上。一天放学后，王敏把小英叫到自己的家中。两人“周游”了一番“列国”之后，王敏把话题引到了单元质量检测考试上。

“小英，这几天你的情绪有些不好，生病了吗？”

“不，没生病。”小英有气无力地回答王敏。

“那我猜到了，你肯定还在为这次检测成绩而苦恼吧？”

小英苦苦地一笑。

“这算什么！胜败乃兵家常事嘛！这次没考好，还有下次，只要努力不就可以了吗？”王敏安慰说。

“我曾经这样想过，可心里总是不安。”小英说。

“我这次虽然是优秀，可前几单元我也有过及格，甚至不及格呢。我没有灰心，这不又迎头赶上了吗？”王敏语重心长的话深深地打动了小英的心。

小英望望身边的王敏，心中有说不出的感激，心中也有一种说不尽的惭愧。一次小小的考试，自己竟把它看得如此之重，又把自己折磨得如此之惨，实在是懦夫。小英望了望身边的王敏，泪水又顺着她的脸颊流下来。

从此，小英又重新振作起来。校园里的师生们又看到了那个天真活泼、奋发向上的小英。

[读读想想]

1. 小英为什么情绪低落，整日闷闷不乐？

2. 王敏是怎样帮助小英调节情绪的？

3. 你如何正确对待“失败”？

[试试做做]

1. 只要经常开心地笑，就会驱走忧愁，保持愉悦的情绪。

2. 进行多样化的有益活动，可使人活跃情绪、陶情益智。

[我的目标]

我们只要活在这个世界上，荣辱得失就会时刻伴随着我们，在今后的人生道路上，我将______________。

[老师的话]

巴甫洛夫曾经说过：积极愉快、乐观的情绪可以战胜疾病，更可以使人强壮和长寿。因此，我们要培养积极乐观的情绪，把消极的情绪引导和调节到积极的方面来。

我的心里话

第六课　反转思考心情好

张予的母亲是某公司的经理，最近因公司的业务出差广州，需一个月才能回来。为此张予感到孤独，情绪低落，终日恍惚，不能自拔，思来想去，她决定找心理小博士，诉说自己的苦闷。

（张予来到小博士家，敲门。）

小博士：请进！

（张予走进小博士房间。）

小博士：请坐。

（张予坐到一把椅子上。）

（小博士坐到张予对面的椅子上。）

张予：我妈妈这次外出一个月，我感到非常孤独、苦闷，不知如何是好。

小博士：噢！那你希望妈妈怎么做呢？

张予：我希望妈妈总是留在家里，随时伴随着我。

小博士：如果妈妈总是留在家里，你会有这么美丽的裙子吗？（指一指张予的裙子）

张予：不会。

小博士：你没有爸爸，妈妈又总留在家，你会有这样好的生活吗？

张予：不会。

小博士:这就对啦！你说你孤独,妈妈走后,你自己在家吗?

张予:不！还有奶奶。

小博士:奶奶对你好吗?

张予:平时奶奶对我蛮好的,我想吃什么、用什么她都给我买。给我买了好多好多的玩具呢！可……

小博士:奶奶岁数大了,手、脚都笨些是吗?

张予:是的。小博士,我常常发现奶奶碍手碍脚的,有时唠唠叨叨没完没了。

小博士:都唠叨什么呢?

张予:什么走路要注意安全了、吃饭要吃饱了、多穿点别冻着了……唉,多着呢!

小博士:奶奶说得不对吗?

张予:当然对啦。可这是常识,连小孩都知道,何况我这六年级的学生呢!

小博士:奶奶的话是多了点,但是没有恶意吧?这里充满了无尽的爱呀!

(张予羞愧地低下了头。)

小博士:你妈妈经常外出吗?

张予:经常。

小博士:你妈妈每次外出你都这样孤独、苦闷吗?

张予:是的。

小博士:你想妈妈会惦记你吗?

张予:妈妈总是放心不下,总是挤时间给我打电话,有时一天打好几次呢。

小博士:这样会不会影响妈妈的工作呢?

张予:会的。

小博士:“时间就是金钱”这句话你懂吗?

张予:懂。

小博士:那你今后怎么办?

张予:应该让妈妈放心。

小博士:这就对了。无论遇到什么事,如果从自己的角度去想想不通,那你就换个角度,从而迎刃而解了。

(张予会意地笑了。)

[读读想想]

1. 小博士怎样帮助张予调解孤独、苦闷情绪的?

2. 你是怎样理解小博士最后那段话含义的?

3. 你有过孤独、苦闷、低落的时候吗?你是如何调节的?

[我的目标]

在丰富多彩的情绪世界里,我们要化________情绪为________情绪,培养自己________情绪。

[老师的话]

人最可悲的是不能战胜自己。

我的心里话

第七课　张海迪顽强自学

张海迪5岁时因患脊髓血管瘤，造成高位截瘫。多年来，她用钢铁般的意志，同疾病顽强斗争，勤奋学习。

1983年，张海迪去北京参加全国优秀青年代表会议，中央领导同志接见了她，团中央授予她“优秀共青团员”的光荣称号，党中央号召全国人民学习她。

张海迪从5岁到10岁，先后做了3次大手术。第3次手术后，她只能一动不动地躺着，连脖子也不敢扭，怎么学习呢？她想起躺在床上，通过镜子看街上小朋友上学的情景。让镜子帮助看书不是很好的办法吗？她让爸爸把书放在枕头边，在桌子上支一面与自己眼睛平行的镜子，这样她就能从镜子里看书了。镜子里的字是反的，顺序也是反的，一页书，甚至一行字要看好半天，时间一长，镜子里变成黑乎乎一片，只有闭一会眼睛，才能再接着看。她就是靠这种“镜子书”学会了汉语拼音，学会了查字典，认识了一个个生字，知道了雷锋，知道了没上过一天学却写出了《半夜鸡叫》的高玉宝，在《钢铁是怎样炼成的》中认识了为苏联革命而伤残的保尔。

后来，张海迪就是凭着这种坚韧不拔的毅力、刻苦学习的精神，学会了针灸，学会了看病，又学完了大学课程，熟练掌握了英语，成为作家、翻译家。

[读读想想]

1. 读完课文，仔细想一下，张海迪取得了哪些成功？她是怎么取得这些巨大成功的？关键是什么？

2. 你在学习上遇到过困难吗？是怎么对待的？

[试试做做]

解开乱线团（活动）

目的：培养学生坚定、有耐心的意志品质。

准备：课前，老师布置每个学生回家拿1个乱线团或乱绳团，老师另外准备4个乱线团，集中在一起。

步骤：

1. 课前每个学生准备好1个乱线团，越乱越好。

2. 每两个人为一个单位，当老师宣布开始时，同学们一齐开始解线团，进行5分钟、10分钟，看谁有耐心，看谁解的扣子多。

3. 评选一名解乱线团能手，在全班同学面前表演。

[我的目标]

张海迪靠耐心和毅力学会了很多东西，为人民做出很大贡献，今后我要：________________。

[老师的话]

学习是艰苦细致的脑力劳动，只要有耐心有毅力就能取得成功。

我的心里话

第八课 “铁人”对付“井喷”

有一次，大庆油田发生“井喷”事故，情况十分紧急。正在住院的王进喜，拄着拐杖来到工地。他迅速观察了事故现场，然后大手一挥，喊道：“用水泥掺土压井！”钻井队员扛来一袋袋水泥和土，倒进泥浆池。可是，十几平方米的池子，水泥倒进去却不能散开，井场上又没有搅拌机，怎么办？

王进喜拖着伤脚来到池边，毅然把手中的双拐一扔，一个箭步跳进齐腰深的池子里，用自己的身体搅拌水泥。一些工人也先后跳下去，泥浆池里口号声冲天而起。经过3个多小时的奋战，“井喷”终于被压住了，当人们把王进喜扶上来时，伤腿的剧痛折磨得他豆大的汗珠不停地从脸上滚落下来。而他重新拄起拐杖，挺起身说：“别管我，继续钻井！”金色的阳光照在王进喜粘满泥浆的身上，这位37岁的钻井队长好像钢浇铁铸一般，显得非常威武。“队长，你真是铁人啊！”同志们从心窝里迸出这么一句话。

王进喜为我国石油工业发展做出了卓越贡献，成为全国劳动模范。

[读读想想]

1. 王进喜看到油田发生“井喷”，他是怎样做的？

2. 说说句子意思。

(1)他迅速观察了事故现场,然后大手一挥,喊道:“用水泥掺土压井!”

(2)王进喜拖着伤脚来到池边,毅然把手中的双拐一扔,一个箭步跳进齐腰深的池子里,用自己的身体搅拌水泥。

3. 王进喜与工人们及时解决“井喷”靠的是什么?

[试试做做]

帮他出主意(活动)

目的:培养学生既沉着冷静又坚决果断的意志品质。

步骤:

1. 每人准备好一张纸和一支笔。

2. 老师讲述某同学遇到的一件事:

周日小亮和父亲在家休息,刚送走几位客人,进屋还没坐稳,又来了三位客人。父亲要给客人倒茶,发现先来的客人用过的杯子还没倒,茶壶里只有残茶却无水。于是吩咐小亮说:“快去重沏一壶茶来,再把杯子刷一下。”

当小亮把茶壶和杯子拿到厨房要沏茶时,才发现暖水瓶里没有开水,而且茶叶盒里也没有茶叶,要到壁橱里找一包新的拆开用,一下要干这么多事,小亮可有点不知怎么做才好,如何能使客人尽快喝到茶水呢?请同学们快给他出个主意。

3. 老师讲完后,让同学们在纸条上写清自己的想法。要快,要写明白。写完马上交给老师。

4. 老师按交条的先后顺序,一边把同学们出的主意读一遍,一边引导同学讨论,看谁出的主意快而且好,能够帮小亮使客人尽快喝上茶水。

[我的目标]

遇到问题，特别是遇到紧急情况，要沉着，积极而冷静思考，坚决果断地采取正确对策，这样才能既提高解决问题的速度，又可以使问题解决得好。今后我要：________________。

[老师的话]

胆小、好犹豫的同学，需要勇敢、果断；遇事冒失、轻率的同学，需要沉着、谨慎。

我的心里话

第九课　杨震慎独

东汉年间，有一个清官，名叫杨震。他在荆州做官时，发现王密才华出众，便向朝廷举荐让王密做了昌邑县令。数年后，他调任途中路过昌邑。王密听说了，亲赴郊外迎接恩师，无微不至地照顾。

晚上，王密悄悄来到杨震住处，趁室中无人，从怀中掏出黄金10两，捧送给杨震，以报栽培之恩。“不可，不可！”杨震连忙摆手拒绝，并郑重地说，“以前是因我了解你有真才实学，所以推荐你；现在你这样做，是太不了解我的为人了。”王密又走近，轻声说：“现在是夜里，无人知道。”杨震生气地说：“天知、地知，你知、我知，怎么说无人知道？认为无人知道就宽容自己，是要不得的。”王密听了，羞愧地带着金子退了出去。

［读读想想］

1. 杨震说：“天知、地知，你知、我知，怎么说无人知道？”这是什么意思？

2. 是杨震因为还有人知道，才不要黄金的吗？

3. 杨震不要黄金说明什么？

［试试做做］

如何自觉约束自己（活动）

目的：培养学生的自制力。

步骤：

1. 以小组为单位开讨论会。讨论题：

(1)回忆自己在无人监督的情况下，放松对自己要求的事例。如，老师或家长不在身边时，就不认真学习，或不讲文明礼貌等。

(2)谈谈自己或同学在无人监督的情况下，仍能够严格要求自己，自觉遵守纪律、自觉保持公共卫生、自觉努力学习等各方面的事例。

(3)谈谈你对自觉严格要求自己，从一点一滴做起，养成自尊自爱、诚实无私良好品质的认识。

2. 各组推举一名讲得比较好的同学，在班上讲演。

[我的目标]

杨震在无人监督的情况下，照样严格要求自己，不收重金，保持清正廉洁的作风。“慎独”就是在一个人“独处”的情况下，也能像杨震那样严格自律，人前人后一个样，加强自身修养。今后我要：________________________。

[老师的话]

千里之堤，溃于蚁穴。

我的心里话

第十课　刚正不阿的海瑞

明朝时期有一个叫海瑞的人，当官执法如山，铁面无私，刚正不阿。

1566年，海瑞在京城做官时，曾批评嘉靖皇帝迷信道教，不理朝政。皇帝想杀掉海瑞，命人去抓海瑞，不能让海瑞跑了。可是海瑞并没有跑，已经准备好了棺材，正等皇帝赐死呢。正在这紧要关头，宰相徐阶再三为海瑞求情，海瑞才免一死。海瑞把徐阶当作恩人，十分感激。

海瑞到南京做官不久，徐阶被免了官回家养老。

一天，海瑞收到许多状子，拆开来一看，是告徐阶儿子的。徐阶的儿子是当地有名的恶霸，强占了老百姓很多土地，老百姓恨透了他。

海瑞查明情况后，受到了很大的震动，万万没有想到自己一向敬重的恩人，竟会支持儿子为非作歹。思想斗争十分激烈，严肃处理吧，难为了恩人；放任不管吧，违背了国法。他想来想去，还是觉得不能以私恩废了国法，决心依法办事。他毅然亲自来到徐阶家中，说服徐阶正确对待这件事。

徐阶见海瑞竟然来查办自己的儿子，脸上顿时变了色，心里非常气愤。但他自知理亏，只得忍气说："我儿子做的事，我一点也不知道，看在过去救过你的面子上，这回就饶了他吧！"

海瑞见徐阶这样讲，便严肃地说："老相爷当年救过我的命，为的是要我为官公正，多给国家和百姓办好事；现在，我秉公执法，也正是报答老相爷的救命之恩啊！"

对于海瑞的话，徐阶不仅听不进去，反而大动肝火。但海瑞毫不退让，最后硬是秉公治了徐阶儿子的罪，并勒令退回霸占的良田。

[读读想想]

1. 皇帝为什么要杀掉海瑞？

2. 徐阶救了海瑞，说明了什么？

3. "海瑞秉公治了徐阶的儿子，并勒令退回霸占的良田"，你怎么认识这一行为？

4. 从以上两个事例中反映出海瑞哪些高尚的品质？

[试试做做]

判断下面做法的对错，并说出为什么。

(1)王刚，够哥们！把那小子打得鼻青脸肿为我出了气。走，我请你吃一顿。(对、错)

(2)小丽，你怎么随随便便说别人的坏话呢？这样做既不利于自己，还危害别人。(对、错)

(3)我想吃什么，妈妈就给我买什么；我想干什么，妈妈从来不管我。我非常爱我的妈妈。(对、错)

(4)打篮球是我的爱好，早上玩，晚上玩，只要有时间我就玩。(对、错)

[我的目标]

在我今后的学习、工作与生活中，我要以__________为榜样，做一个____________的人。

[老师的话]

做一个有益于别人的人是最高尚不过的。

我的心里话

第十一课　走出“自我”怪圈

“自我”不能没有。良好的自我意识，在人生的旅途中，它会使你自省、自律。正确地对待自己、他人和社会，会创造出一个完美的“自我”。

“自我”固然要有，但不能过激，走向极端化。事事总觉得自己了不起，常常自高自大，目无组织、目无纪律、目无他人，独来独往，一切以“我”为中心。这样长此以往，就会形成一个无形的怪圈。光怪陆离的魔影会把你带入孤独的深渊，换来的是忧虑、痛苦加悲伤。

只有走出“自我”的怪圈，你才能告别孤苦，摆脱窒息你的枷锁，使自身得到彻底解放。只有走出“自我”的怪圈，你才会看到美丽、可爱的大千世界，才会使你品尝到友谊的甘露，感悟到人生的舒畅。

走出“自我”的怪圈，就是抛弃自己的一切私心杂念，懂得自己的人生价值所在。忧天下之所忧，乐天下之所乐。

[读读想想]

1. 为什么“自我”不能没有？为什么“自我”还要克服？

2. 完美的“自我”和“自我”怪圈之间有什么区别？

3. 怎样才能走出“自我”的怪圈？

[试试做做]

各抒己见(活动)

目的:培养学生在祖国、人民需要自己时,能抛弃自己的一切,挺身而出,勇往直前。

步骤:

1. 教师出示三个案件:

(1)一个儿童不慎落水,大声呼救,恰好你当时在场,目睹眼前发生的事情,此时你该怎么办?

(2)班里一名同学生活特别困难,面临失学,你该怎么办?

(3)如果你有一个一直向往的礼物,你又爱不释手。此时你的朋友又急需,你该怎么做?

2. 学生准备5分钟。

3. 根据其中的一个案例的氛围,谈谈你的做法。

4. 要求真实地反映出自己的想法,不说谎话,可信度强。

[我的目标]

在今后的学习、工作与生活中,你想实现的“自我”是:____

______________________________。

[老师的话]

严于律己,以诚待人。

我的心里话

第十二课 该不该发生

〔急促的上课铃声响了，赵珊珊与同学们从教室外蜂拥走进教室。

〔张宏不小心踩到赵珊珊的脚上。

赵珊珊：哎哟！（双手捧脚，坐在地上）疼死我了！（哭泣）谁？真缺德，头上没长眼睛！（哭泣）

张宏：珊珊，我不是故意的，真的！

赵珊珊：不故意，不故意，你为什么不踩自己的脚？

同学甲：珊珊，这事也不能都怪他。

赵珊珊：不怪他，还怪我？啊！踩了我的脚你们还有理了是不是？（气冲冲的样子）

同学甲：我不是那个意思，我是说，我也有责任。

赵珊珊：我不管谁有责任，踩我的脚就是不行！（理直气壮的样子）

同学乙：我们这不是给你赔不是了吗？就算我们错了，行不行？（哀求的样子）

赵珊珊：什么？（惊讶）就算你们错了？那我错了？（气不打一处来）

同学乙：不！不！（摆摆手）我不是那个意思。都怪我不好，又惹你生气了。（自己打自己的头）我该死！我该死！请你原谅。

赵珊珊：原谅？没门！谁来体谅我？

同学丙：珊珊，张宏踩了你的脚，是不对，向你赔了错总该可以了吧！你总不能得理不饶人吧！（显得有些气愤）

赵珊珊：你看我好欺负是不是？〔气冲冲指着学生丙说〕踩了我的脚，你高兴！

张宏：珊珊，这事不怪他们，都怪我不好。你踩我的脚几下，行吗？（哀求的口吻）再说气大伤身。

赵珊珊：踩你的脚？我还怕硌坏我的脚呢！

张宏：你不踩，我自己踩。（用自己的左脚猛踩自己的右脚，其他同学制止）

同学乙：赵珊珊。（右手指着赵珊珊的脑门）你太不近人情了吧！

赵珊珊：你说谁不近人情，我看你不近人情！你再说一遍。（赵珊珊冲到同学乙面前去打乙。其他同学制止）

同学乙：说一遍就说一遍（气冲冲）。你太不近人情了！（大声吼）

赵珊珊：（大哭）啊！你欺负我，我跟你拼了！……

[读读想想]

1. 赵珊珊性格有什么特点？她这样做有什么危害？

2. 你从这件事中获得什么样的启示？

[试试做做]

心理咨询（活动）

目的：通过心理咨询活动，使“赵珊珊”认清自己心理障碍产生的原因、危害及解决的办法，培养学生调节情绪的能力。

步骤：

1. 赵珊珊(剧中人)作为心理病人。

2. 全体同学作为心理医生。

3. 赵珊珊恳切地向心理医生(同学)咨询，这样做为什么不对？

4. 赵珊珊在同学们的帮助下，认识这种做法的危害，深表痛心。

5. 赵珊珊向张宏等同学认错。

6. 齐唱：《我们永远是朋友》。

[我的目标]

发脾气并非都是坏事，蔺相如怒斥秦王是为了捍卫国家的利益，可歌可泣。如果一味追求自我的完善，不顾他人利益，是件坏事。如果你在今后遇到烦恼的事你将怎样调节自己的情绪：(1)____________；(2)____________；(3)____________。

[老师的话]

怒是猛虎，欲是深渊。

我的心里话

第十三课 实践出真知

世界上著名的科学家无不是热爱实践的人。他们的发明创造都来源于实践。

法国大数学家、物理学家帕斯卡遇到问题时总是自己去钻研，探个究竟，找出答案。

有一次，他在厨房内帮妈妈做晚餐，妈妈由于不小心把勺子碰在盘子上而发出“叮叮当当”的响声。听到这样的声音别人也许并不在意，而喜欢探究问题的帕斯卡却想：声音是通过敲打发出来的吗？要是敲打发声的话，为什么勺子离开盘子以后，声音不马上消失呢？

为了寻找答案，他找来了盘子和勺子一个人躲在书房里反复地进行实验。他发现盘子被敲打后声音不断，但是只要用手一按盘子边，声音就会马上消失。盘子是这样，别的物体是不是也是这样呢？他又找来了其他物品进行实验，结果也是这样。帕斯卡明白了，原来发声最要紧的是振动，不是敲打。打击停止了，只要振动不停止，还能发出声音来。

这样，帕斯卡在11岁时，发现了声学的振动原理，为声学的发展奠定了重要基础。

因此，实践是人们发现真理、检验真理的前提。

[读读想想]

1. 帕斯卡是怎样发现声音振动原理的？他为什么能发现声音振动原理？

2. 从帕斯卡的发现中可得出什么结论？

3. 在你的日常生活中，你是否遇到过这类现象，举出一至两例。

[试试做做]

擦玻璃（活动）

目的：通过这一实践活动，让学生在具体的实践中，总结出科学的方式、方法，从而认识实践是检验真理的唯一标准。

步骤：

1. 教师先准备4块沾满污垢的玻璃，棉线布4块，棉丝布4块，白纸4张，报纸4张；同时安排学生前后桌为一组，各准备沾满污垢的玻璃1块，棉线布1块，棉丝布1块，白纸1张，报纸1张。

2. 教师宣布活动要求。

（1）安排8名同学、2名同学为一组到前面参加表演，其余同学前后桌4人为一组活动。

（2）活动人员必须用4种擦玻璃原料进行擦洗。

（3）在擦洗过程中，体会一下哪种原料擦洗得比较干净。

（4）擦洗结束后，思考哪种原料擦洗得效果好些，为什么？

3. 学生擦洗玻璃。

4. 表演的4组，每组选1人为代表介绍擦洗过程和自己的实践发现。

5. 全班同学评议。

6. 教师小结。

[我的目标]

在今后的学习中，我要坚持做到：______________________。

[老师的话]

实践是检验真理的唯一标准。

我的心里话

第十四课　复习歌

及时复习要抓紧，
新知做到常回忆。
空闲之时相对照，
新知变成“老相识”。
比较复习并不难，
抓住“特点”是关键。
同中求异异求同，
保你渡过遗忘关。
尝试复习方法妙，
先行回忆后对照。
模糊知识细思考，
遗忘知识重锤敲。
概括复习是高招，
知识系统成链条。
浓缩记忆益吸收，
越学越觉知识少。
要点复习不可丢，
问题就在要点中。
要点便是支撑点，

扯一动千知识清。

复习复习真重要，

吸收归纳查补修，

复习方法多又巧，

成功就在巧当中。

[读读想想]

1. 复习的方法有哪几种？它们各具有什么特点？

2. 应该如何使用每一种复习方法？

3. 你在学习中，还掌握了哪些复习方法？列举出一至两例来。

[试试做做]

试分析一下，下面同学使用了哪些复习方法，为什么。

1. 某班学生王文："我的办法是首先合上书本，像过电影一样，想一想今天老师讲了什么，然后打开书或笔记，看看有无记错或者漏掉的地方，然后再把课文重点复习一下。"

2. 记忆字形相近的"己、已、巳"三个字，某同学采用顺口溜的方式帮助记忆：张口"己"、半口"已"、满口"巳"。

3. 同学赵野在复习语文时，常常把重点词、每段的关键句用醒目的颜色标上记号。

4. 同学张丽在记忆"秉烛夜游"一词中，主要抓住"秉"来理解整个词，因此很好地掌握了拿着蜡烛在夜间游玩的词义。

[我的目标]

在今后的学习中，我要坚持________________复习方法，做一名________________学生。

[老师的话]

复习是学习之母。

我的心里话

第十五课　正确用脑的唐汝询

唐汝询生长在明朝的一个书香家庭，从小聪明颖慧，很受父母喜爱。不到3岁时，他就开始跟着几个哥哥读书识字了。5岁那年，他突然出天花，经几位医生的抢救，总算保全了性命，可病好以后，他的两眼却什么都看不见了。

意外的不幸、残酷的现实使小汝询非常伤心。然而他没有因为眼睛失明而自暴自弃，更没有使他悲观失望，而是以超人的毅力，每天早晨起床后，摸到书房里去听哥哥们读书吟诗，并把听到的文章和诗歌一字一句地牢记在心里。

为了掌握更好的记忆方法，他仿照远古人们使用结绳记事的方法，把整篇文章记录下来。有时候，他用刀在木板或竹竿上刻出各种各样的刀痕，用来记录诗歌和文章。因为小汝询有一股坚韧不拔的顽强毅力，虽然是盲人，什么也看不见，可读的书不比几个哥哥少，成绩也不比他们差。几年后，他开始学作诗。作诗时，如果有人帮忙，他就大声把诗句念出来，叫人帮他写在纸上；没人帮忙时，他就依旧用结绳和刻刀痕的办法把诗记录下来。等到有人帮忙的时候，再请人把结绳和刀痕翻译成文字写在纸上。

唐汝询就是用这样的方法一生中写下了上千首诗，出了几本诗集。同时，他还给一些含意较深的、不易理解的唐诗做了注解，写了一本叫作《唐诗解》的书，成为当时著名的学者和诗人。

从唐汝洵生动感人的成才史中，充分证明了：人如果能够正确地利用所谓的“头脑”，就一定会取得令人惊叹的辉煌业绩。

［读读想想］

1. 双目失明的唐汝洵是怎样成为当时著名的学者和诗人的？

2. 唐汝洵奋发成才的实例说明了什么道理？

3. 谈谈自己以前是怎样用脑的，存在哪些不足，今后如何改进。

［试试做做］

巧记诗歌（活动）

目的：强化手脑并用的用脑方法。

步骤：

1. 教师准备出字数相等的三首学生不熟悉的诗歌（不会写的字可用拼音代替完成）。

2. 将第一首诗用录音机放两遍后，让学生默写下来，反放在桌子右上角。

3. 将第二首诗出示在小黑板上，让学生看两遍（收回诗歌），然后默写下来，同样反放在桌子右上角。

4. 将第三首诗出示在小黑板上，让学生读一遍后，再边读边写一遍（收回诗歌）后，再默写一遍，也将其反放在桌子右上角。

5. 教师分别出示三首诗，让学生检查三首诗，哪个序号的正确率最高，依次提出来。

6. 教师小结。

[我的目标]

在今后的学习和生活中，我要坚持做到：________________，养成________________的好习惯。

[老师的话]

脑怕不用，身怕不动。

我的心里话

第十六课 善听有益

时常听一些同学说："我愿意，你管不着！"从这句话中看出了新一代少年儿童充满的自信，但它又明显暴露了少年儿童的固执与幼稚。一条大河，只有不断地吸收身边小溪馈赠的流水，才能奔流不息，汹涌澎湃。一个人又何尝不是这样呢？俗话说：人无完人。那么要想填补自己的不足，不断发展自己、完善自己，就必须善于听取别人的意见。在顺境中，善听别人的意见可以使你保持冷静的头脑，无往而不胜；在逆境中，善听别人的意见可以使你鼓起奋进的勇气，知难而进。善于听取别人的意见，会伴你走向胜利的彼岸。

古代的齐威王、唐太宗因为善于听取手下人的意见，国兴民安而名留青史；伟大的中国共产党正是因为广开言路，开诚布公地与人民对话，善于听取广大民众的意见，检查自己的过失，如今才国盛民强。

善于听取别人的意见，并不是一味地为别人喉舌所左右，听取的是真理，摒弃的是穿着真理外衣的谎言。

善于听取别人的意见，是一把走向成功的钥匙。

[读读想想]

1. 有益的意见通常指哪些意见？

2. "善于听取别人的意见，并不是一味地为别人喉舌所左右，听取的是真理，摒弃的是穿着真理外衣的谎言。”这一句话是什么意思？

3. 善于听取别人有益的意见，对人的交往有什么好处？

[试试做做]

故事会（活动）

目的：通过“故事”的交流，使学生进一步理解交往的意义及遵循的原则。

步骤：

1. 教师提出要求。

（1）全班同学平均分成四个组，每组委托一名负责人。

（2）每人准备一个故事，内容要突出古往今来有关交往的故事，反映出必要的交往品质，要短，要精，故事可选摘或自编。

（3）每人准备一张纸，列出组内所有同学的姓名，并在姓名后面写出每个人所讲故事的名称，以及反映出的交往品质和讲的效果。

效果评价方法：声情并茂，重点突出为满分（10 分），声、情、重点、流畅各方面 0.2 分，较差的扣 0.1 分。

（4）每一组评出一名“最佳奖”。

2. 各组活动（讲故事、评选）。

3. 教师小结。

[我的目标]

交往，时时刻刻伴随着你，它会给你带来快乐与欣慰，也会带来痛苦与悲伤。交往原则很重要，因此，在今后的交往中要坚持的基本原则是：（1）________________；（2）________________。

[老师的话]

有一个学习上的好朋友,等于一个研究问题的好伙伴。

我的心里话

第十七课　书信一则

静文：

你好！转眼一年多过去了，每当看到那张分别时的合影，我心中总有一种说不尽的思念。

记得是四年级的时候，我从乡下转回到市一小读书，与你相识。继而我们又同住一栋楼一个单元，两家之间也有了联系，我们也就由陌生到相识，又由相识到相知。我们常常一起吃，一起住，一起上学去。

然而，我们也有过不愉快的时候，最使我难忘的是一次期末考试，我苦苦地哀求你给我抄两道题，你硬是不肯，当时别提我有多来气。如果不是在考场我肯定会大声骂你几句："又不求你别的，不就抄你两道题，有什么了不起！"事后你又多次向我赔不是，给我讲道理。尽管我"哼哼啊啊"的，心里总像有一条无法逾越的鸿沟。

现在回想起来真是惭愧极了，我真后悔当时的无知和自私。从这件事中，我懂得了交往应该是真挚的、纯洁的。

自从你离开一小以后，多次给我来信鼓励我好好学习，好好做人，也多次指出我爱慕虚荣的弱点，我句句都记在心上。请放心，我会像你那样做人的。

静文，听说你考入了重点中学，我真为你高兴，也深深地为你祝福。

别的不多谈。

此致

敬礼!

小妹:丽莉

1998.7.10

[读读想想]

1. 本文中“我真后悔当时的无知和自私”一句中“无知和自私”指的是什么?

2. 本文中的静文同学在交往中坚持了什么原则?这样做有什么好处?

3. 你认为交往应该遵循哪些原则?

[试试做做]

打电话(活动)

目的:训练学生的交际能力和社会适应能力。

步骤:

1. 教师事先准备好各种需要打的情境电话的纸条。如谈心、向老师请假、与同学约定某种事、请求同学协助做某事、请求同学帮助解决某事、医院急救、火警、盗警、市长电话等,纸条上要有电话号码。

2. 讲台上放置两部电话(儿童游戏电话亦可)。

3. 活动时学生按照教师指定的顺序,依次走到讲台前。先抽一张纸条,向全班宣读纸条内容,然后按自己的理解打电话。

4. 放下电话后,不要立即离开,先请同学评价刚才打电话的方法，语言是否恰当，如有较大不适当者，应重新表演一次。

5. 教师小结。

[我的目标]

交往是我们生活的重要组成部分，是自身发展与提高的重要途径，是人的基本需要之一。因此，在今后的交往中，我要做到：________________。

[老师的话]

你有一个苹果，我有一个苹果，交换一下，每人还是只有一个苹果。

你有一个思想，我有一个思想，交流一下，每人便有了两个思想。

我的心里话

第十八课　毛泽东与周恩来

抗日战争胜利后，为了争取和平，毛泽东不顾个人安危，以大无畏的革命胆略，毅然赴国民党统治区——重庆，同国民党进行面对面的斗争。毛泽东在重庆住了43天，周恩来始终不离毛主席身边，既是得力助手，又是忠诚卫士。

有一次，周恩来陪同毛泽东参观中苏文化协会主办的展览。消息传开，人们竞相跑来，想亲眼看看毛泽东。拥挤的人群把展览会门口围得水泄不通。毛泽东离开时，保卫人员担心人群里混进国民党特务，显得格外紧张，唯恐危及毛泽东和周恩来的安全。他们一面动员群众闪道，一面保卫毛泽东和周恩来上车。周恩来对保卫人员说："不要管我，毛主席的安全要紧！"说着，就赶到前面亲自开路，让三个警卫左边一个，右边一个，后面一个，保卫毛泽东上车。直到汽车回到红岩村中共代表团处，他才放下心来。

还有一次，毛泽东应邀出席一个招待会。出席这个招待会的人很多，大家纷纷站起来向毛主席敬酒。周恩来一直跟在毛主席身边，怕毛主席健康受到影响，又担心特务暗地里在酒中放毒，于是就一杯又一杯地替毛泽东喝酒，保卫人员十分感动地说："周副主席对毛主席的关心照顾比我们想得周到啊！"

周恩来事事如此，毛泽东住的房间每次都是查了又查，毛泽东坐的椅子他也是坐了又坐，竭尽全力保护毛泽东，直到胜利地回到延安。

[读读想想]

1. 为什么说周恩来既是毛泽东的“得力助手”又是“忠诚卫士”？

2. 本文讴歌了周恩来同志怎样的品质？

3. 你应该向周恩来同志学习什么？

[试试做做]

别人对你的看法

你想知道别人喜不喜欢你吗？后面20个问题是根据心理测验的原理而设定的，目的是让你可以大致明了自己的人缘好坏以及你是否容易结交朋友。请在每项问题的下面写“是”或者“否”。

1. 你是否主动地和不经思考地随便发表意见？

2. 你是否觉得你的三位最好的朋友都不如你？

3. 你喜欢独自进餐吗？

4. 你看不看报上的社会新闻？

5. 你对这一类的测验有无兴趣？

6. 你是不是也向别人吐露自己的抱负、挫折以及个人的种种问题？

7. 你是否常向别人借钱？

8. 你和别人一道出去，是不是一定要大家平均分摊费用？

9. 你告诉别人一件事情，是不是把细微末节都说得很清楚？

10. 你认为自己说话毫不隐讳的态度是对的吗？

11. 你喜欢拿别人开玩笑吗？

12. 你真正不喜欢的人，是否超过7个？

13. 你是不是有一肚子牢骚？

14. 你讲话是不是常常用“坏透了”“气死人”“真要命”一类字眼？

15. 你爱好音乐、书籍、运动，别人不喜欢，你是不是觉得他面目可憎、语言无味？

16. 你是不是言而无信？（多想一想再答）

17. 你是不是常常当面批评家里的人、好朋友？

18. 你遇到不如意的事，是否精神沮丧、意志消沉？

19. 你自己运气坏而你的朋友成功的时候，你是不是真的替朋友高兴？

20. 你是否喜欢跟人聊天？

答案：

1	2	3	4	5	6	7	8	9	10	11	12	13	14	15	16	17	18	19	20
否	否	否	是	是	是	否	否	否	否	否	否	否	否	否	否	否	否	是	是

把你的答案和此答案比较一下。彼此相同，就算1分。得分愈多，就表示你愈受人欢迎。最高的分数当然是20分。但是，假使你的分数不到20分，你也不要认为自己人缘不好。只要有14分，你就是一个很受人欢迎的人了。

[我的目标]

学习周恩来同志________________品质，努力做一个____________________人。

[老师的话]

团结一致，同心同德，任何强大的敌人，任何困难的环境，都会向我们投降。

我的心里话

第十九课　爱之歌

时间:某学期初开学第四天下午班会课。

地点:六年级教室。

人物:班主任、王岩、班长、同学甲、同学乙、同学丙、同学丁等。清脆的上课铃声响过,同学们陆续走进教室。

班长:这节班会课由我来主持。

同学们,新学期已经开学几天了,可有一个同学还没有来上学,你们知道是谁吗?

同学们:知道。王岩。

班长:可谁知道他为什么没来上学吗?

同学甲:班长,开学的第一天我去过王岩的家,劝他同我一块上学,他哭着对我说:"上学恐怕与我无缘了,连妈妈看病的钱都没有,哪儿有钱读书啊!"

同学乙:"班长,我也去过他家,他对我也是这样说的。"

同学丙:"同学们,我与王岩是邻居,几年前,他失去了父亲,一直同体弱多病的母亲相依为命,外债累累,日子过得太苦了。"

班长(沉痛):"同学们说的都是事实,我也知道。我们面对的是一个即将失学的同学,我们能视而不见、问而不管吗?"

同学们(异口同声):“不能!”

同学丁:“同学们,我们要伸出友谊的手拉他一把。”

同学们:“对! 拉他一把。”

同学甲:“班长,我这有 20 块钱,是姥姥给我的零花钱,请你转交给王岩,也算是表达我的一点爱心吧!”

同学乙:“班长,我这也有 20 元钱,是妈妈给我的压岁钱,也请你转交给王岩吧。”

同学丁:“班长,我手中仅有 8 元钱,钱虽不多,但这是我对王岩同学的一点心意。”

同学丙:“班长,我这有一支新钢笔,是叔叔刚送给我的生日礼物,送给王岩同学吧。”

(同学们纷纷捐款。)

(班主任敲门。)

班长:请进。

(班主任与王岩走进教室。)

同学们:(惊讶)王岩! 王岩来了! (室内一片掌声)

班长:王岩,同学们都知道你的家境,也很同情你。同学们为了让你回到学校,纷纷捐出自己的零花钱、压岁钱、购物钱,还有学习用品,请你收下吧!

王岩:(接过钱物)谢谢! 谢谢! (激动、哭泣)

班主任:刚才的一切老师都看到了,你们的这一做法,充分展示了又一代少年儿童的精神风貌。

同学们:(齐唱)这是爱的奉献……(鼓掌)

[读读想想]

1. 王岩面对如此艰难的家庭环境,他的心里会想到什么?想法对吗?为什么?

2. 同学们这样做展示了他们什么样的思想品质?

[试试做做]

小记者招待会(活动)

目的:通过招待会的形式,每个同学都要分别回答小记者们(或其他同学)提出的有关交往的问题,从而更加了解自己或别人交往的情况。

步骤:

1. 全班分为四组,每组选出一个负责人。

2. 每名同学都要分别回答小记者们提出的问题,回答要求简明、扼要、客观、真实。

3. 小组活动结束后,小组负责人要总结一下同学们在交往方面存在的优、缺点。

提问提纲(也可自拟)。

1. 你喜欢交友吗?

2. 你有多少个知心朋友?

3. 你喜欢交什么样的朋友?

4. 你交朋友信奉的原则是什么?

5. 与你有过矛盾的人,你怎样对待他?

[我的目标]

我理想中的朋友应该具备的品质有:____________________。

[老师的话]

你热爱别人，别人就会热爱你；你为别人的幸福出过力，别人就会为你的幸福创造条件。

我的心里话